# Einleitung

Für jeden, der sich von Streß und Spannungen des alltäglichen Lebens befreien, die Regeneration des Organismus erleichtern und die Botschaften seines Körpers erforschen möchte, bietet die Sophrologie einen wertvollen Weg zur Gesundheit.

Wir leben in einer Zeit, in der unser Körper vielfältigen Belastungen ausgesetzt ist. Die Verschmutzung von Luft, Wasser und Nahrungsmitteln zwingt den Organismus zu einer ständigen Entgiftung, die oft durch eine gestreßte Lebensweise erschwert wird. Das Erziehungs- und Ausbildungssystem lehrt uns oft, unsere Gefühle zu unterdrücken und dem Körper keine Zeit zur Entspannung und Regeneration zu lassen. Das Leben in der Gesellschaft zwingt uns Stereotypie auf, die weder das individuelle Leben noch die Gesundheit begünstigt.

Die Methoden der Sophrologie erlauben jedem, der sie anwendet, individuell Entspannungs- und Regenerationstechniken zu erlernen und den Zugang zu heilenden, tiefen Bewußtseinszuständen zu erlangen. Die hier beschriebenen Methoden sind ein flexibler und angenehmer Weg, sich vom Streß zu befreien, ein neues Körperbewußtsein zu entdecken und Intuition, Kreativität und Selbstheilungskräfte zu entwickkeln. Somit kann jeder Mensch erleben, daß Gewohnheiten und gesellschaftliche Verpflichtungen nicht mehr zur Entstehung von Krankheiten führen: Es ist möglich, in kürzester Zeit die innere Ruhe und Harmonie wiederzufinden und die Energie zu spüren, die in uns fließt und uns ständig regenerieren kann.

*Editions Vivez Soleil*

# Vorwort zur deutschen Bearbeitung

In einer Zeit, in der wir von alternativen und komplementären Heilmethoden geradezu überschwemmt werden, gilt es, sich auf das Einfache, für jeden nachvollziehbare Wesentliche zu besinnen. Es geht um Bewußtwerden und Erkennen von Zusammenhängen unserer Körper-, Seele-, Geistfunktionen, insbesondere um Atmung, Muskelentspannung und Ernährung, um das Wissen, daß jeder Reiz, vergleichbar einem Stein, der ins Wasser fällt, Auswirkungen auf unseren gesamten Körper hat. Oder, wie der bekannte Wiener Histologe Professor Pischinger am Grundsystem aufzeigte, daß jeder Nadeleinstich Auswirkungen auf den Gesamtorganismus hat. Es kommt also einerseits auf die Stärke und Summation von Reizen an, seien sie psychischer, physischer oder chemischer Art, und andrerseits auf den Zustand und die Regulationsfähigkeit unseres Körpers.

Wenn unser Gehirn und unser vegetatives Nervensystem einer nicht mehr zu bewältigenden Reizüberflutung ausgesetzt sind, kommt es zu Funktions- und Regulationsstörungen und Energieblockaden. Diese erschweren exakte Diagnoseverfahren und machen oft gezielte Behandlungen unmöglich, wenn wir nicht imstande sind, sie aufzulösen. Wir müssen lernen, unseren Körper wieder bewußt wahrzunehmen, seine Botschaften zu verstehen und seine Funktionen zu beherrschen. Die wichtige Lebensfunktion Atmung ist beispielsweise eine für jeden leicht nachvollziehbare Möglichkeit, auf alle unsere Körperfunktionen positiv einzuwirken.

Die Rückkoppelungsmechanismen zwischen Gehirn, Atmung, Muskelfunktionen, Verdauung, Kreislauf und Herztätigkeit sollten im Sinne des Biofeedback erfaßt und entsprechend in Richtung Harmonie und Gesundheit stimuliert werden. Die Sophrologie, die sich in Sicht- und Denkweise mit vielen komplementären Heilmethoden deckt und mit diesen korrespondiert, bietet die Möglichkeit, rational Zusammenhänge zu erfassen, um gleichzeitig durch Übungen die Botschaften und Reaktionen unseres Geistes und Körpers in entspanntem Zustand zu erleben. Dies stellt für jeden von uns eine ganz persönliche (phänomenologische) Erfahrung dar. Die Sophrologie bietet Möglichkeiten, dieses Wissen um die Phänomene und die Reflexgeschehen im Körper auf einfache Weise zum eigenen Nutzen, zur Prophylaxe und zur Heilung anzuwenden. Wir können durch Bewußtwerden und Ausschöpfen unserer Atemfunktionen, durch Visualisieren und Programmieren die von der Streßlast blockierten Selbstheilungskräfte und das Immunsystem aktivieren, das heißt, unseren inneren Arzt stimulieren, der uns zu heilen vermag.

Besonders durch das Trainieren der Nasen- und Bauchatmung, der Muskelentspannung und der Harmonisierung unserer Gehirnfunktionen wird es möglich, Ruhe, Harmonie und Gleichgewicht in uns zu fühlen. Wenn wir uns wieder spüren lernen, können wir leichter Verantwortung für uns und unsere Lebensbedingungen übernehmen. Je ausgeglichener und entspannter wir sind, je mehr freifließende Energie wir verfügbar haben, je regulationsfähiger unsere Körpersysteme sind, desto mehr Entfaltungsmöglichkeiten haben wir.

Wir sollten uns täglich für unser eigenes Wohlbefinden Zeit nehmen, sei es für sophrologische Übungen, für Meditation oder Gebet, für Aufenthalte in der Natur oder Sport. Wo Ruhe, Entspannung und Freude gefunden werden, ist schließlich egal. Jeder sollte eine für sich stimmige Möglichkeit finden, um jeweils wieder neu und lustvoll agieren zu können. Der Wechsel von Anspannung, Anstrengung und Eustreß, der für Leistung und Erfolg notwendig ist, und das bewußte Umgehen mit Ruhe, Entspannung und Schlaf, damit der Körper wieder regenerieren kann, ist wichtig.

Gewußt wie – ist entscheidend, um das Vertrauen in unseren gesunden Menschenverstand wiederzufinden, die Voraussetzung für Erfolg, Lebensfreude, Glück, Liebe, Vitalität und Gesundheit. Dr. Abrezol vermittelt uns im vorliegenden Buch aus seinem reichen Wissens- und Erfahrungsschatz viele interessante und praktikable Methoden zu diesem *„Gewußt wie"*, um vital und gesund zu werden, zu sein und zu bleiben.

In diesem Sinne soll das Buch eine liebevolle Anregung und ein praktischer Begleiter für den Alltag sein.

Bregenz, im Juni 1996                    *Dr. Irmgard Simma-Kletschka*

# Vorwort des Autors

Das vorliegende Buch ist im wesentlichen praxisorientiert. Theoretische Erklärungen und praktische Übungen ergänzen sich. Um das Buch optimal für sich zu nutzen, ist es sinnvoll, sich die entsprechenden Übungen zu dem für Sie besonders interessanten oder wichtigen Thema durchzulesen und einzuprägen und dann ohne zeitliche Begrenzung zu üben. Am Ende der praktischen Arbeit, egal ob im Liegen, im Sitzen oder im Stehen, muß man immer langsam zurückkehren, das heißt, nie die Augen öffnen, bevor man die Zehen und die Hände bewegt hat, die Gesichtsmuskeln angespannt und den ganzen Körper durchgestreckt und dabei gründlich durchgeatmet hat.

Sie können auch mehrere Übungen aneinanderreihen, ohne dazwischen „zurückzukehren" und so Ihre eigene Technik entwickeln. Bei den Übungen dürfen Sie auf keinen Fall etwas erzwingen. Sie sollen auch nichts wollen, lassen Sie einfach die Dinge geschehen, lassen Sie die Gefühle zu und geben Sie der Phantasie Vorrang vor dem Willen. Wenn Sie sich gerade in einem „depressiven" Zustand befinden, fragen Sie einen Arzt, bevor Sie mit den Übungen beginnen. Alle Atemübungen sollten Schritt für Schritt erlernt werden. Bei erhöhtem Blutdruck sollte Ihre Lunge nicht zu lange leer bleiben.

Ich habe versucht, ein praktisches Instrument zu schaffen, und nicht ein literarisches Werk. Die Terminologie ist so einfach wie möglich. Manche der Kurzbeiträge enthalten Zeichnungen zur besseren Verständlichkeit. Die von der sophrologischen Schule gelehrten Methoden können hier nicht alle vollständig erklärt werden, wie zum Beispiel das modifizierte autogene Training (TRAM), das Sophro-Basis-Training (SBT) oder die Dynamische Entspannung von Caycedo, usw.

Der französische Titel „Vaincre" (= siegen, besiegen, überwinden) drückt die Absicht des Buches sehr gut aus: das Vermitteln von Techniken, durch die jeder Einzelne seine Schwierigkeiten besiegen, überwinden und sogar über sie hinauswachsen kann, und dabei die Verantwortung für sein inneres Gleichgewicht und seine Gesundheit übernehmen kann, kurz *vital und gesund* zu sein.

Der Begründer der Sophrologie ist Professor Alfonso Caycedo, der zur Zeit in Bogotá, Kolumbien lebt. Die Sophrologie ist 1960 entstanden und setzt sich immer mehr als neue Therapie, als neue Richtung der Medizin und als neuer Beruf durch. Beim Weltkongreß im August 1982 eröffnete Dr. Caycedo in Bogotá die erste Fakultät für Sophrologie.

Die Studiendauer beträgt fünf Jahre nach dem Abitur. In Europa erlernen Mediziner und Therapeuten die Sophrologie im Rahmen von Fortbildungskursen. Die Ausbildungsdauer beträgt zwei bis drei Jahre und umfaßt ein Seminar alle sechs Monate. Zwischen den Seminaren müssen sich die Kandidaten selbst weiterbilden. Am Ende dieser Grundausbildung muß der Kandidat eine Diplomarbeit vorlegen und eine praktische Prüfung ablegen. Das Internationale Kollegium für medizinische Sophrologie ist verantwortlich für die Organisation der Ausbildung. Nach Erlangung des Diploms werden regelmäßig Weiterbildungskurse, Symposien und jährliche Kongresse besucht.

In der Schweiz und den USA gibt es öffentliche Seminare, wo die Grundtechniken für das persönliche Wohlbefinden gelehrt werden, ohne dabei die therapeutischen Methoden zu besprechen.

*Dr. R. Abrezol*

# Inhalt

# Einführung: Was ist Sophrologie?

Die Sophrologie ist eine medizinische Wissenschaft, die in Spanien von Professor Alfonso Caycedo, einem kolumbianischen Psychiater, begründet wurde. Der Begriff „Sophrologie" wurde 1960 in Wien anläßlich eines Weltkongresses für Psychiatrie vorgeschlagen und angenommen.

Der Begriff „Sophrologie" kommt aus dem Griechischen. Die Wurzeln haben folgende Bedeutung:

SOS      Seelenruhe, Ausgeglichenheit, Harmonie;
PHREN   Gehirn und
LOGOS   Wissenschaft, Kenntnis, Lehre.

Diese Etymologie ermöglicht eine Definition der Sophrologie: die Lehre von der Harmonie des Gehirns. Die beiden anderen wären SOPHIA und LOGOS, also Weisheit und Wissenschaft.

Die Sophrologie versteht sich einerseits als medizinische Wissenschaft und andererseits als Philosophie, als Art zu leben, zu sein und zu denken. Man kann ihr viele Definitionen geben, aber man muß sie erleben und erfahren, um zu verstehen, was sie wirklich ist.

Die Sophrologie beschäftigt sich mit den Veränderungen des menschlichen Bewußtseins und findet Anwendung in der Therapie, der Prophylaxe und der Pädagogik. Gleichzeitig ist sie aber auch eine Philosophie. Mit dem veränderten Bewußtsein entwickelt sich ein anderes (bzw. das ursprüngliche) Körper-Bewußtsein, das eine gesündere und ausgeglichenere Lebensweise ermöglicht.

Die Sophrologie hat in Europa großen Erfolg und wird von zahlreichen Ärzten als Therapie praktiziert. Sie kann jedoch auch von Laien angewandt werden, um die unvermeidlichen Folgen von exzessivem Streß zu verhindern oder um Harmonie ins Leben und Denken zu bringen – mit einem Wort, um das Leben zu verbessern.

Das Bewußtsein ist eng mit der Funktion des phantastischsten Organes verbunden, das wir besitzen, nämlich des GEHIRNS. Wir können es charakterisieren, indem wir von Bewußtseinszuständen und -ebenen sprechen. Die Zustände können entweder krankhaft (pathologisch), normal (gewöhnlich), oder auch sophronisch sein. Die Ebenen sind: Aufmerksamkeit, Wachsein, sophroliminale Ebene, Schlaf, Träume, Koma und Tod – wenn das Bewußtsein nicht mehr ist. Wir werden später noch einmal im Einzelnen darauf zurückkommen.

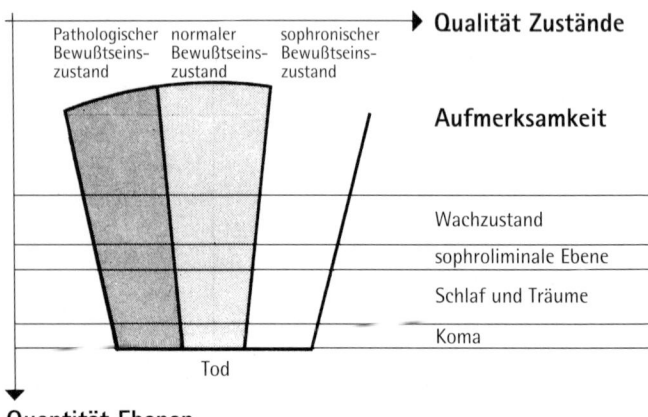

Viele der verwendeten Techniken können nur unter der Aufsicht eines Sophrologen durchgeführt werden. Aus diesem Grund decken die beschriebenen Übungen nicht alle Möglichkeiten der Sophrologie ab.

Die Sophrologie kennen heißt sich selbst kennen und die anderen verstehen. Sie werden verschiedene Techniken und Methoden erlernen, um sich selbst erkennen und ganz annehmen zu können – eine unabdingbare Voraussetzung, um glücklich zu sein! Das Glück ist in Ihnen, Sie werden es nirgendwo sonst finden. Aus diesem Grund müssen Sie bewußt Ihre Individualität erfahren und sich so annehmen, wie Sie sind – sogar wenn Sie gern anders sein möchten. Sie sind ein menschliches Wesen, eine Einheit in sich selbst: ein Geist, eine Seele und ein Körper, die alle drei eng miteinander verbunden sind und kommunizieren. Es muß ein vollkommenes Gleichgewicht zwischen diesen drei Ebenen herrschen, damit der Mensch in Harmonie sein kann. Sonst wird er krank.

Ein im Körper auftretendes Symptom steht immer in engem Zusammenhang mit dem Geist oder der Seele. Folglich genügt es nicht, nur dieses Symptom zu bekämpfen. Vielmehr ist es unerläßlich, die tieferliegenden Ursachen zu bekämpfen, und das ist das Hauptziel der Sophrologie.

Wenn Sie einfach nur Medikamente schlucken, um ein Symptom zu bekämpfen, bringt Ihnen das wahrscheinlich momentan Linderung, führt jedoch nicht zur Heilung.

Nach einer bestimmten Zeit bekommen Sie dann andere Symptome. Sie werden einen Spezialisten nach dem anderen aufsuchen. Und eines Tages werden Sie verstehen, daß man zuerst die Ursachen der Krankheiten ans Licht bringen muß, die ganz tief im Inneren verborgen sind, um das innere Gleichgewicht wiederherzustellen.

Man kann die Sophrologie nicht ausschließlich auf der Grundlage von Theorien verstehen. Die Idee entstand in Kreuzlingen, in der sehr renommierten Klinik von Professor Binswanger, neben Heidegger und Husserl einer der Väter der Phänomenologie. Die Sophrologie ist eine phänomenologische Wissenschaft. Mit Hilfe verschiedener physischer, mentaler und psychischer Übungen stellen wir fest, daß sich unser Bewußtseinszustand verändert, was für jeden Menschen eine persönliche Erfahrung darstellt. Durch die regelmäßige Wiederholung dieser Erfahrung entsteht nach und nach auch die rationale Erklärung. Die Erfahrung kommt also vor dem Verstehen. Daher sollten Sie bei den verschiedenen im vorliegenden Buch beschriebenen Übungen nicht sehr rational sein; es genügt, sie einfach zu machen, ebenso wie die im Augenblick erlebten Erfahrungen. Nach und nach werden Sie sich besser kennenlernen und auch besser in der Lage sein, die Verantwortung für Ihre Gesundheit und Ihr Glück zu übernehmen. Sie sollten verstehen lernen, daß Sie für Ihre Gesundheit selbst zuständig sind.

## Übung

*Sie stehen aufrecht, die Füße ca. 50 cm auseinander, mit geschlossenen Augen. Hüpfen Sie nun auf und ab wie eine Marionette, mit völlig entspannten Muskeln. Die Übung dauert ungefähr eine Minute. Wenn Sie aufhören, versuchen Sie, sich einen Augenblick zu entspannen. Hören Sie dabei auf die Botschaften Ihres Körpers. Versuchen Sie, in sich hineinzuhören und gleichzeitig ganz bei sich selbst zu sein.*

Ist es nicht wunderbar, den Körper und seine Vitalität zu spüren? Durch diese Übung lernen Sie, sich auf den „Augenblick", auf das „hier und jetzt" zu konzentrieren. Sie sind jetzt weder mit Ihrer Vergangenheit verbunden noch durch die Zukunft blockiert. Die Fähigkeit, den Augenblick zu erleben, ist ein wesentlicher Schritt zum Glücklichsein.

Die Vergangenheit ist vorbei und kann nicht verändert werden, ganz egal, was geschehen ist. Versuchen Sie, jede Minute Ihres wunderbaren Lebens intensiv zu erleben und lernen Sie gleichzeitig, Ihre Zukunft positiv zu programmieren. Dies ist ein wichtiger Punkt in der Sophrologie.

### Übung positives Programmieren

*Sie stehen aufrecht, in bequemer Haltung, haben die Schuhe ausgezogen und stehen fest auf dem Boden. Entspannen Sie sich vollständig mit geschlossenen Augen. Spannen Sie nun alle Muskeln Ihres Körpers an, die Gesichtsmuskeln, das Kinn, die Muskeln des Nackens und der Arme, die mit geballten Fäusten am Körper liegen. Spannen Sie den Brustkorb, den Bauch, den Damm, die Oberschenkel, die Waden und die Füße. Halten Sie diese unbequeme Stellung ungefähr eine Minute lang durch und lassen Sie dann los. Was verspüren Sie zu diesem bestimmten Zeitpunkt? Hören Sie aufmerksam auf die verschiedenen Botschaften, die Ihnen Ihr Körper sendet. (Wenn ein Muskel eine Minute lang stark gespannt war, wird er in der Folge komplett entspannt.) Spüren Sie diese Entspannung und die Botschaften, die Ihr Gehirn empfängt.*

Durch diese Entspannung werden Sie nach und nach die wunderbare Wirkung erleben. Sie werden in der Lage sein, unmittelbar auf jede Art von STRESS zu reagieren, nämlich durch ENTSPANNUNG.

Hier nun eine andere Übung, durch die Ihnen Ihre Existenz noch besser bewußt wird. Sie werden auch das Wechselspiel von Spannung und Entspannung besser verstehen.

### Übung zur Entspannung

*Sie stehen aufrecht und entspannen sich wie in der vorhergehenden Übung so tief wie möglich. Konzentrieren Sie sich auf Ihren*

4

*Körper, spannen Sie dann die Waden einige Sekunden lang intensiv an. Dann, wenn Sie die Waden entspannen, spannen Sie die Oberschenkel einige Sekunden. Anschießend spannen Sie den Bauch einige Sekunden, während Sie die Oberschenkel entspannen. Machen Sie das gleiche mit der Brust, während Sie den Bauch entspannen, spannen Sie die Hände während der Entspannung der Brust, die Arme beim Entspannen der Hände, und schließlich spannen Sie die Gesichtsmuskeln an, während Sie die Arme entspannen.*

Entspannen Sie dann den ganzen Körper und versuchen Sie, sich Ihres ganzen Wesens in diesem konkreten Augenblick, „hier und jetzt", bewußt zu werden. Tauchen Sie mit Ihrem Bewußtsein ganz tief in Ihr Inneres – nichts von außen Kommende könnte Sie jetzt ablenken.

Und wenn Sie sich Ihrer Selbst ganz bewußt geworden sind, dann strecken Sie sich durch, Sie strecken den ganzen Körper, atmen tief durch und öffnen wieder die Augen.

### Hier einige weitere Übungen

*Setzen Sie sich bequem hin, schließen Sie die Augen und versuchen Sie, sich auf Ihren Körper zu konzentrieren. Beobachten Sie, wie der Körper auf dem Stuhl ruht, stellen Sie sich das Gewicht des Körpers vor, visualisieren Sie sich von außen.*

*Es ist, als könnten Sie Ihren Körper verlassen und um ihn herumgehen. Beobachten Sie sich einen Moment lang von der Seite, von hinten, von der anderen Seite und von vorne. Kreisen Sie ganz langsam um sich selbst.*

*Wenn Sie es beim ersten Mal nicht schaffen, gelingt es Ihnen beim nächsten Mal bestimmt. Auch wenn es Ihnen vorerst schwierig erscheint. Während Sie sich beobachten, stellen Sie sich vor, wie wunderbar es ist, auf der Welt zu sein. Nehmen Sie sich an, so wie Sie sind, auch wenn Sie anders sein möchten. Beginnen Sie damit, sich wirklich so zu akzeptieren, wie Sie sind. Beginnen Sie auch, sich immer mehr zu lieben, denn wenn Sie sich selbst nicht lieben, wie können Sie dann andere Menschen lieben?*

*Kehren Sie nun in Ihren Körper zurück und spannen Sie Arme und Beine intensiv an. Bleiben Sie eine Minute in dieser Stellung. Ent-*

*spannen Sie sich dann vollständig und hören Sie auf die Botschaf-*
*ten, die Ihr Gehirn empfängt. Denken Sie so intensiv wie möglich,*
*daß Sie „jetzt, in diesem konkreten Augenblick" da sind.*

*Setzen sie sich bequem hin, schließen Sie die Augen und entspan-*
*nen Sie sich. Befreit von den Reizen der Außenwelt werden Sie*
*feststellen, wie sich Ihre Bewußtseinsebene verändert. Beim Ein-*
*treten in den sophronischen Zustand verlieren Sie jede Vorstellung*
*von Zeit und Raum. Folglich können Sie jetzt versuchen, sich in die*
*Zukunft zu projizieren.*

*Sicherlich haben Sie Wünsche, die sich erfüllen sollen. Konzentrie-*
*ren Sie sich ganz stark auf einen von ihnen. Stellen Sie sich vor,*
*daß dieser Wunsch gleich in Erfüllung gehen wird, jetzt, vor Ihren*
*Augen, ist er wahr geworden!*

*Das ist ein Weg, Ihre Zukunft zu programmieren und ein völlig*
*neues Glück zu schaffen.*

*Wenn Sie diese positive Zukunft wirklich „erlebt" haben, und zwar*
*in allen Einzelheiten, ballen Sie die Fäuste, spannen Sie den gan-*
*zen Körper an, atmen Sie tief durch. Dann öffnen Sie die Augen*
*mit einem strahlenden Lächeln.*

Durch solche und ähnliche Übungen wird mit der Kraft der Vorstellung, den positiven Bildern Ihrer Phantasie, Ihr Bewußtsein auf Positives programmiert.

# 1 Die Atmung

Leben heißt atmen – ohne Atmung ist kein Leben möglich. So können wir mit dem einfachen Mittel des **richtigen Atmens** alle unsere Lebensfunktionen verbessern. Ob Gedächtnisleistung oder Verdauung, Entspannung, Durchblutung oder Haltung – mit der richtigen Atmung erreichen wir in allen Bereichen auf natürlichste Weise eine enorme Verbesserung. Richtig atmen zu lernen, hat daher den Vorrang vor allen anderen Therapieformen.

Die Atmung ist für die Erhaltung der Gesundheit und des energetischen Gleichgewichts von größter Wichtigkeit. Unsere totale Atemkapazität beträgt – je nach Körperbau – ungefähr fünf Liter Luft. Die Mehrzahl der Bewohner der „zivilisierten" Welt benutzt aber nur ein Zehntel dieser Kapazität, (meist zwischen einem halben und einem Liter Luft bei jedem Atemzug). Dieses Volumen reicht, um das Leben, nicht aber um unsere Gesundheit zu erhalten. Auf den folgenden Seiten beschreiben wir, wie Sie wieder richtig atmen lernen und welche positiven gesundheitlichen Auswirkungen dadurch möglich werden.

## Nasenatmung

Es ist kinderleicht: Die Nase ist zum Atmen da. Der Mund ist für die Atmung nur ein Hilfsorgan. Eine dauernde Mundatmung ist pathologisch. Die Nasenatmung ist die wichtige und richtige Atmung: In den Nasenöffnungen halten Härchen die gröbsten Staubteilchen auf, im Naseninnern stoppt der Schleim die feineren Staubteilchen und hindert sie daran, unnötig die Lungen zu verschmutzen. Die Nasenmuscheln haben Thermostatfunktion für die Luft: sie erwärmen diese je nach Bedarf oder kühlen sie ab, so daß sie mit stets konstanter, physiologischer Temperatur in die Lungen gelangt. Der Feuchtigkeitsgehalt der Luft wird ebenfalls in der Nase reguliert.

Während des Einatmens steht man in direkter Verbindung mit dem Kosmos. Mit dem Sauerstoff wird eine bestimmte Menge an kosmischen Elektronen eingeatmet und die Lebensenergie, die in Indien „PRANA" genannt wird, in Japan „KI" und in China „TCHI". Diese vitale Energie strömt natürlich zum Großteil in Richtung Lunge, aber zuerst fließt sie durch die Nase.

Daher sollte man immer durch die Nase einatmen. Jede andere Atmungsform sollte nur eine Ausnahme darstellen. Wenn die Luft in wirbelförmigen Bewegungen in die Lunge geströmt ist, gehen der Sauerstoff und andere Gase, wie Neon, Xenon und Stickstoff in die Blutbahn, wo sie die Körperfunktionen sicherstellen.

## Bauchatmung

Nachdem wir durch die Nase eingeatmet haben, kommt der nächste Schritt der „richtigen" Atmung: Atmen Sie in den Bauch. Was wir als Kinder automatisch machten, müssen wir als Erwachsene erst wieder lernen.

Wer falsch atmet, kann auf die Dauer nicht gesund bleiben: Falsches Atmen ist die Ursache für alle möglichen organischen Störungen. Deswegen sollten Sie unbedingt mit den folgenden Übungen Ihre Atmung verbessern:

### *Übung Bauchatmung*

*Legen Sie im Stehen eine Hand auf den Bauch. Atmen Sie dann aus, indem Sie soviel Luft wie möglich ausstoßen, mehr ... noch mehr ...*

*Beim Einatmen durch die Nase schieben Sie Ihre Hand mit dem Bauch weg und beobachten, wie die Luft in den unteren Bereich Ihrer Lunge eindringen kann, der Bauch bläst sich auf wie ein Ballon.*

*Beim Ausatmen kontrollieren Sie mit der Hand, daß der Bauch sich völlig leert und ganz flach wird.*

*Atmen Sie regelmäßig einige Male ein und aus und beobachten Sie die Bewegung Ihrer Hand auf dem Bauch.*

So atmet ein gesunder Mensch. Wenn Sie Ihre Bauchatmung öfter kontrollieren bis sie wie von selbst funktioniert, wird das Auswirkungen auf alle Ihre Lebensfunktionen haben.

Beobachten Sie aufmerksam, wie Kleinkinder oder Tiere atmen. Kleinkinder, nichtzivilisierte Indianerstämme im Amazonasgebiet oder Tiere atmen immer nur mit dem Bauch. Das Zwerchfell hebt sich

## Vollständiges Entleeren

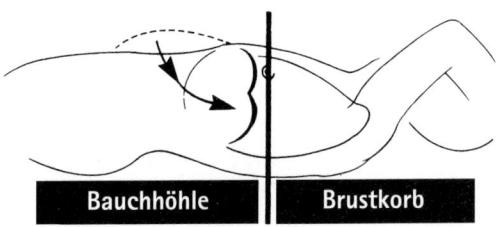

**Bauchhöhle** **Brustkorb**

## Einatmen

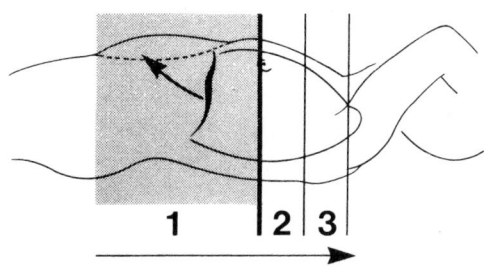

## Vollständiges Ausatmen

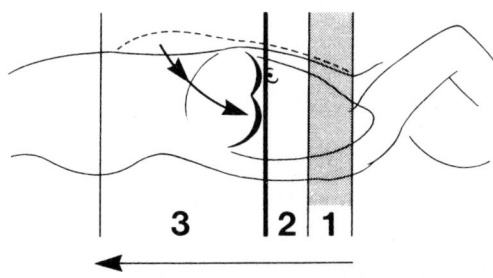

beim Ausatmen und senkt sich beim Einatmen, was eine gründliche Massage der inneren Organe und eine gute Durchblutung der ganzen Bauchhöhle zur Folge hat.

Das Zwerchfell ist der Atemmuskel, der den Brustkorb von der Bauchhöhle trennt. Wenn Sie ständig angespannt sind, ist es sehr häufig blokkiert. Das führt zu organischen Störungen wie Verstopfung, Problemen im Genitalbereich, Gallen- und Leberinsuffizienzen, usw.

Vergessen Sie also nicht: ATMEN SIE MIT DEM BAUCH, das verbessert Ihre Gesundheit wesentlich.

Nach der Betrachtung des Schemas erlernen wir nun eine weitere Atemübung zur vollen Nutzung der Lunge.

### Übung zur vollen Lungennutzung – Vollatmung

*Legen Sie sich auf den Rücken und legen Sie eine Hand auf den Bauch. Atmen Sie gründlich aus. Entleeren Sie Ihre Lunge.*

*Atmen Sie dann langsam durch die Nase ein und füllen Sie dabei zunächst den Bauch, Ihre Hand hebt sich. Wenn Sie spüren, daß die Bauchhöhle mit Luft gefüllt ist, versuchen Sie, noch mehr Luft in den Brustkorb einzuatmen, und lassen Sie dabei den Bauch herausgestreckt. Dann heben Sie die Schultern und füllen sie mit noch mehr Luft.*

*Sie werden das Gefühl haben, wie ein Luftballon aufgeblasen zu sein.*

*Versuchen Sie, die Luft einige Augenblicke lang anzuhalten. Atmen Sie dann sehr langsam aus, wobei Sie so lange wie möglich Ihren Bauch herausgestreckt lassen. Entleeren Sie zuerst die Schultern, dann den Brustkorb und zu guter Letzt den Bauch.*

Machen Sie diese Übung regelmäßig, egal wann, egal wo. Bei regelmäßiger Anwendung wird sich Ihre psychische und physische Leistungsfähigkeit verbessern.

Wenn Sie Ihre Lunge mit Luft füllen, erhöhen Sie automatisch die Sauerstoffmenge im Körper und – noch wichtiger – im Gehirn, welches ein Drittel des aufgenommenen Sauerstoffs benötigt; das Gehirn braucht viel Sauerstoff, um normal zu funktionieren. Deswegen ist es so wichtig, regelmäßig die Vollatmung zu üben, so wie wir sie eben gelernt haben.

Sie können auch bewußt Ihre Lunge mit Luft füllen (wobei Sie immer mit der Bauchhöhle beginnen), immer wenn sich eine Gelegenheit ergibt, zum Beispiel im Auto, wenn die Ampel auf Rot ist, oder beim Schaufensterbummel, auf dem Weg zur Arbeit, oder auch wenn Sie auf der Post oder im Geschäft in der Schlange stehen, usw. Dieses regelmäßige Üben der Vollatmung verbessert Ihre Leistungsfähigkeit, Ihr Konzentrationsvermögen und Ihr Gedächtnis. Das ist ganz einfach und kostet nichts.

Fassen wir zusammen:

### Übung der Vollatmung

*Entleeren Sie vollständig Ihre Lunge, atmen Sie ein und füllen Sie dabei Bauch, Brust und Schultern. Halten Sie einige Sekunden lang die Luft an, atmen Sie dann ganz langsam aus, entleeren Sie zuerst die Schultern, dann die Brust und am Ende den Bauch.*

Um die Konzentration des Gehirns zu verbessern, können Sie den Kopf langsam von einer Seite auf die andere bewegen, als wollten Sie Nein sagen, während die Lunge mit Luft gefüllt ist.

*Bleiben Sie da, wo Sie sind, egal ob Sie liegen, sitzen oder stehen. Schließen Sie die Augen und entspannen Sie vollständig das Gesicht, die Augen, die Nase, das Kinn und den Mund, die Zunge liegt locker und entspannt am Gaumen. Entspannen Sie die Schultern und atmen Sie langsam und tief in die Bauchhöhle. Versuchen Sie dann, Ihre Atmung zu beschleunigen: Einatmen ... Ausatmen ... schneller ... noch schneller ... Einatmen ... Ausatmen ...*

*Atmen Sie dann normal und stellen Sie sich vor, daß Ihnen heute oder in der nächsten Zukunft alles gelingen wird, was Sie beginnen.*

Wenn Sie ganz entspannt sind, nehmen Sie die Kommunikation mit Ihrem Unbewußten auf.

### Energie durch Atmung

Dadurch, daß Sie tiefer atmen, transportiert der Körper mehr Sauerstoff zum Gehirn und folglich auch mehr „Prana", mehr Lebensenergie. Die Weisheit des Ostens lehrt uns, daß die Nase dazu dient, das

Prana in den Körper eindringen zu lassen. Die vitale Energie kann vom Organismus nur über die Siebbeinzellen aufgenommen werden. Durch die Anatomie der Nasenmuscheln werden Luftwirbel erzeugt, die nach oben gesogen werden und dadurch zwangsläufig in Kontakt mit dem Nasendach, den Siebbeinzellen, dem Eintrittsort des Prana, kommen.

Im entspannten Zustand und mit mehr Energie im Gehirn konzentriert sich Ihre Phantasie auf einen Erfolg, der Ihr Unbewußtes durchdringt und in der Zukunft umsetzbar wird. Ihre Zukunft wird durch ihre Vorstellung positiv programmiert.

Darum sollten Sie sich auch angewöhnen, jeden Abend oder jeden Morgen den nächsten Tagesablauf positiv vorzustellen.

## Atmung und Verdauung

Mittels Atemübungen können Sie Ihre Verdauung verbessern und Verstopfung beseitigen. Die folgende Übung lehrt Sie, Ihre Verdauung zu stimulieren:

### Übung zur Verdauungsunterstützung

*Legen Sie sich hin, schließen Sie die Augen, atmen Sie aus. Entleeren Sie Ihre Lunge vollständig. Nun atmen Sie ein und füllen dabei zuerst den Bauch, dann die Brust und zuletzt die Schultern. Anschließend atmen Sie langsam und vollständig aus: Entleeren Sie zuerst die Schultern, dann die Brust und schließlich die Bauchhöhle.*

*Wenn Ihre Lunge vollständig entleert ist, fassen Sie vor dem nächsten Atemzug Ihre Knöchel mit den Händen und biegen Sie Ihren Körper nach oben durch, sodaß nur noch die Füße, die Schultern und der Kopf Bodenkontakt haben.*

*In dieser Stellung, immer noch mit entleerter Lunge, bewegen Sie den Bauch – einziehen – herausstrecken – bis Sie nicht mehr können und unbedingt einatmen müssen. Überschreiten Sie nicht Ihre Möglichkeiten und holen Sie langsam wieder Luft.*

*Legen Sie sich dann wieder normal hin und atmen Sie in Ihrem Rhythmus. Die Übung dreimal wiederholen.*

Diese Bewegung – Bauch einziehen – Bauch herausstrecken – ist sehr wirksam zur Bekämpfung von Verstopfung.

Heute leiden viele Menschen an Verstopfung. Der Hauptgrund liegt in einer mangelhaften Ausatmung. Wenn Sie anfangen, mit dem Bauch zu atmen und regelmäßig die vorher beschriebene Übung machen, verbessern Sie Ihre Durchblutung, was wiederum alle inneren Organe stimuliert.

Bei mangelhafter Ausatmung erhöht sich die Toxinkonzentration im Blut, was im Körper Streß auslöst.

Ein gesunder Mensch sollte nach jeder Mahlzeit Stuhlgang haben.

## Atmung zur Entspannung

Hier haben wir eine Übung aus der Dynamischen Entspannung, erste Stufe, nach der Methode von Dr. A. Caycedo.

*Stellen Sie sich bequem hin, Beine leicht gegrätscht, Knie leicht gebeugt, und schließen Sie die Augen. Entspannen Sie das Gesicht, die Augen, die Schultern, den Bauch. Atmen Sie langsam und tief durch den Bauch. Seien Sie sich Ihrer aufrechten Haltung voll bewußt: den Kopf zum Himmel gerichtet und die Füße am Boden, die Haltung eines gesunden Wesens. Atmen sie vollständig aus, anschließend atmen Sie ein, zuerst mit dem Bauch, dann mit dem Brustkorb und den Schultern. Halten Sie den Atem an, legen Sie die Finger auf die Stirn und drücken Sie die Nase mit den Daumen zu. Beugen Sie den Oberkörper nach vorne, während Sie immer noch die Luft anhalten, solange Ihnen dies möglich ist. Wenn Sie nicht mehr können, atmen Sie bei geschlossenem Mund durch die Nase „explosionsartig" aus, d.h. stoßen Sie die Luft heftig durch die Nase aus und breiten Sie dabei die Arme aus.*

*Wiederholen Sie diese Übung dreimal und konzentrieren Sie sich dabei auf das, was Sie spüren. Richten Sie Ihre Aufmerksamkeit voll auf das „hier und jetzt" und auf alle Ihre Empfindungen.*

*Wenn Sie fertig sind, bewegen Sie die Zehen und die Finger, strekken sich ausgiebig und öffnen die Augen.*

Dadurch, daß die Lunge explosionsartig über die Nase entleert wird, werden Vibrationen in der Nasenschleimhaut ausgelöst; und diese Vibration verursacht sehr wichtige Reflexe, welche direkt über die zwölf Gehirnnerven auf das Gehirn und den Körper wirken.

Darüber hinaus können Sie Ihre Sehkraft und Ihr Gehör verbessern, wenn Sie diese Übung regelmäßig machen. Sogar Ihre Verdauung wird sich durch die auf den Vagusnerven wirkenden Reflexe verbessern.

Nach dieser Übung, während der Erholungsphase, versuchen Sie mit geschlossenen Augen, die ankommenden Botschaften so bewußt wie möglich aufzunehmen, um sich mit der Propriozeption vertraut zu machen, das heißt mit den Botschaften, die von den Muskelfasern kommen, sowie mit der Interozeption, also den Botschaften, die von den Organen ausgesandt werden.

Die Interozeption und die Propriozeption informieren zu jeder Zeit das Gehirn über den Zustand des Körpers.

Die folgende Übung bewirkt bei regelmäßiger, mehrfacher Anwendung ein besseres funktionelles Gleichgewicht.

*Begeben Sie sich in die sog. orthostatische Stellung, das heißt Beine schulterbreit, Knie leicht gebeugt. Schließen Sie die Augen. Entspannen Sie das Gesicht, die Schultern, den Bauch. Atmen Sie langsam mit dem Bauch. Fühlen Sie sich wohl in Ihrem Körper, der zwischen Himmel und Erde dasteht. Lassen Sie die Energie frei durch den Körper fließen. Atmen Sie vollständig aus und dann ein, füllen Sie dabei Bauch, Brust, Schultern. Halten Sie jetzt die Luft an, halten Sie sich die Ohren mit den Daumen zu, drücken Sie mit den Zeigefingern auf die Augenlider, während Sie mit den Mittelfingern auf die Nasenlöcher drücken und beugen Sie sich nach vorn. Wenn Sie die Luft nicht mehr anhalten können, werfen Sie abrupt die Hände nach vorn und stoßen die Luft rasch durch die Nase aus, der Mund bleibt geschlossen.*

*Wiederholen Sie diese Übung dreimal und beobachten Sie dabei aufmerksam Ihre Empfindungen. Danach können Sie langsam aus Ihrer Entspannung zurückkehren, indem Sie die Zehen und die Hände bewegen, sich strecken, tief ein- und ausatmen und schließlich die Augen öffnen.*

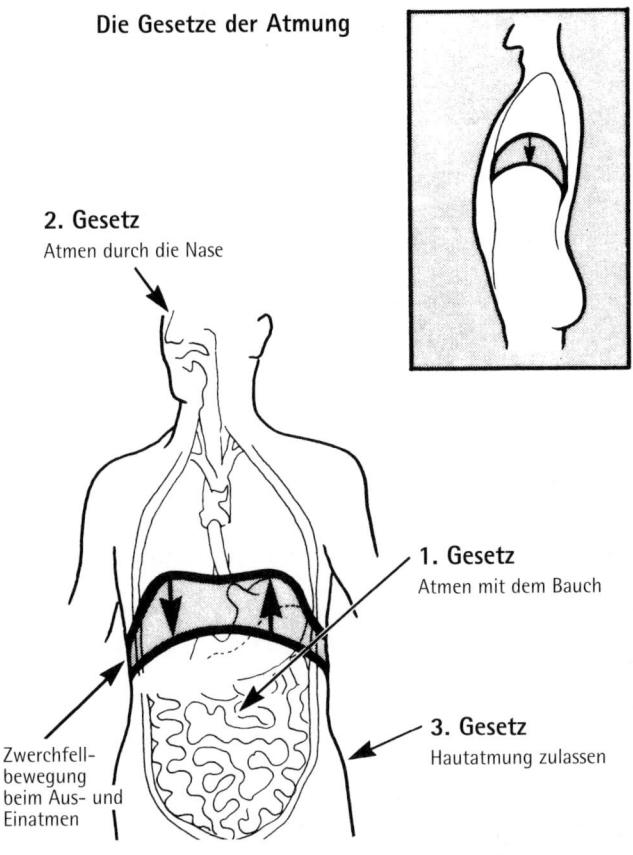

## Die Gesetze der Atmung

**2. Gesetz**
Atmen durch die Nase

**1. Gesetz**
Atmen mit dem Bauch

**3. Gesetz**
Hautatmung zulassen

Zwerchfell-
bewegung
beim Aus- und
Einatmen

Die Nerven in der Nasenschleimhaut sind Äste des Trigeminusnerves. Wie wir bereits erläutert haben, ist dieser Nerv auch mit anderen Gehirnnerven verbunden. Folglich löst die „Vibration" der Nasenschleimhaut durch dieses explosionsartige Ausatmen automatisch wichtige Reflexe bei allen Nerven aus.

Wenn Sie die beiden vorhergehenden Übungen aus der Dynamischen Entspannung oft (und bewußt) ausführen, dann werden die Reflexe auf der mentalen Ebene ebenso wirken wie auf der physischen Ebene, es wird ein funktionelles Gleichgewicht hergestellt. Daraus ergibt sich zwingend, daß Sie besser über sich selbst Bescheid wissen, über Ihre

Empfindungen und Ihr inneres Erleben. Sie lernen auch, sich nach und nach besser kennenzulernen und sich so anzunehmen wie sie sind.

Das Annehmen der eigenen Person und die Liebe zu sich selbst ist notwendig, um auch die anderen besser verstehen, annehmen und lieben zu können.

## Reinigung der Nase und Nebenhöhlen

Ich werde nun versuchen, Ihnen das „NETI-KRYIA" zu beschreiben, eine Methode zur Reinigung, „Säuberung" der Nase und der Nasennebenhöhlen. Dazu brauchen Sie eine Nasendusche oder eine kleine Teekanne.

*Füllen Sie das Gefäß mit lauwarmem Wasser, dem Sie etwas feines Salz zufügen (ungefähr 9 g/l), Sie werden nach einigen Versuchen selbst die richtige Dosierung finden, die Ihnen zusagt. Stellen Sie sich vor ein Waschbecken, neigen Sie den Kopf auf eine Seite und atmen Sie langsam durch DEN OFFENEN MUND ein. Geben Sie dann die Tülle in das obere Nasenloch und gießen Sie langsam ungefähr die Hälfte des Gefäßinhaltes hinein. Sie werden überrascht feststellen, daß das Wasser durch die oberen Atemwege strömt und ganz von selbst durch das tiefer gelegene Nasenloch wieder hinausfließt. Dann neigen Sie den Kopf in die andere Richtung und gießen die zweite Hälfte des Salzwassers genau so in das andere Nasenloch. Machen Sie keinerlei Anstrengung, es passiert ganz von allein, das Wasser fließt nicht in den (offenen) Mund und es besteht keine Gefahr, daß Sie etwas verschlucken. Eventuell verspüren Sie ein leichtes Brennen, wie beim Inhalieren von Meerwasser.*

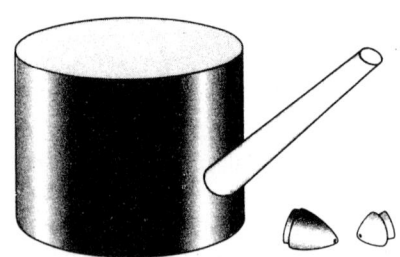

NETI-KRYIA sollte jeden Morgen vor oder nach dem Zähneputzen gemacht werden.

Die regelmäßige Anwendung des NETI-KRYIA entfernt den Schleim aus der Nase und den Nasennebenhöhlen. Diese Methode kommt aus dem alten Indien und ist erwiesenermaßen ideal, um Schnupfen und Entzündungen der Nebenhöhlen zu vermeiden.

Darüber hinaus löst das Wasser in den Nasengängen einen wichtigen zentralen Reflex aus, der die Gehör- und Sehnerven stimuliert.

Diese Methode verbessert nicht nur die Sehkraft und das Gehör, sondern erhöht auch die Konzentrationsfähigkeit. Ich kenne Leute, die dank dieser Methode ihre Brille nicht mehr benötigen.

In der Sophrologie praktizieren wir das NETI-KRYIA vor der Dynamischen Entspannung.

Es gibt spezielle Gefäße, sog. „KAFAS" (Nasenduschen) für diese Übung (siehe Abbildung). NACH DER ÜBUNG SCHNEUZEN SIE SICH NICHT, SONDERN SCHNAUBEN EINFACH NUR HEFTIG DURCH DIE NASE AUF DAS WASCHBECKEN, den Kopf nach oben, dann nach unten, und schließlich nach links und nach rechts gedreht.

### *Atemübung zur besseren Durchblutung und Sauerstoffsättigung*

*Sie stehen möglichst bequem, schließen die Augen und entspannen das Gesicht, die Augen, die Wangen, die Lippen und das Kinn. Entspannen Sie auch die Muskeln des Nackens und der Schultern, der Brust und des Bauches. Dann atmen Sie aus und entleeren die Lunge möglichst vollständig. Beim Einatmen füllen Sie zuerst den Bauch, dann die Brust und zuletzt die Schultern. Wenn die Lunge voll ist, halten Sie die Luft an. Nicht mehr atmen. Ballen Sie die Fäuste, legen Sie die Arme an den Körper und bewegen Sie rasch die Schultern auf und ab. Drehen Sie gleichzeitig den Kopf von rechts nach links und umgekehrt, so als wollten Sie Nein sagen. Der Mund ist geschlossen.*

*Wenn Sie müde sind und die Luft nicht mehr anhalten können, hören Sie mit den Bewegungen auf und stoßen sehr schnell die ganze Luft aus der Lunge durch die Nase aus.*

*Entspannen Sie sich nach jeder Übung einige Sekunden lang und spüren Sie dabei in Ihren Körper hinein. Machen Sie diese Übung dreimal und beobachten Sie alle Ihre Empfindungen. Dann denken Sie in Ihrem Inneren, daß heute ein schöner Tag ist und daß alles bestens funktionieren wird. Bewegen Sie nun die Zehen, die Hände, atmen Sie tief ein und aus und öffnen Sie schließlich die Augen.*

Diese Übung bewirkt eine Sauerstoffsättigung im Blut und eine Erhöhung des Blutvolumens im Gehirn. Sie gehört zur Dynamischen Entspannung und stammt ursprünglich aus einer indischen Technik des Raja-Yoga. Kontinuierliches Üben verbessert nach und nach die Konzentration und das Gedächtnis. Die Gehirntätigkeit wird stimuliert, Sie werden Ihre Empfindungen besser spüren lernen und Ihren Körper bewußter erleben. „Erkenne Dich selbst", das sagte schon Sokrates fünfhundert Jahre vor unserer Zeitrechnung.

Dies ist auch das wesentliche Ziel der Sophrologie, Methoden zu lehren, die es ermöglichen, uns besser kennenzulernen, um unsere Gefühle und unseren Körper zu beherrschen.

### Weitere Atemübung:

*Legen Sie sich bequem hin und schließen Sie die Augen. Entspannen Sie das Gesicht, die Schultern, die Arme; entspannen Sie die Brust und den Bauch, die Lippen berühren sich leicht. Lassen Sie das ganze Gewicht Ihres Körpers auf dem Boden oder auf dem Bett aufliegen. Konzentrieren Sie sich nun ausschließlich auf Ihre Atmung, ohne dabei den Verstand einzuschalten. Nach und nach entsteht dieses einmalige Gefühl, daß die Luft bis an die Grenzen Ihres Körpers vordringt. Sie atmen nicht nur mit der Lunge, sondern mit dem ganzen Körper. Sie selbst werden zur Atmung. Nichts als Atmung. Jede Zelle Ihres Körpers atmet, und Sie sagen sich in Ihrem Innern: Ich bin meine Atmung – ich werde zur Luft, die ich atme.*

*Machen Sie das, solange Sie Lust haben. Am Ende bewegen Sie die Zehen, ballen die Hände zu Fäusten, strecken Arme und Beine ganz weit aus, atmen tief ein und aus und öffnen die Augen. Fühlen Sie sich gut?*

Die Atmung ist einfach, der Effekt der richtigen Atmung ist groß.

Sie wissen bereits, daß die Neurone des Gehirns sehr viel Sauerstoff verbrauchen. Und Sie wissen auch, daß ein Sechstel des Sauerstoffs über die Haut in den Körper eindringt. Wenn man also sagt, daß der ganze Körper atmet, so ist das die Wahrheit. Versuchen Sie, diese totale Atmung bis in Ihre tiefsten Schichten spüren zu lernen.

# 2 Das Bewußtsein

Das „Bewußtsein" ist ein wesentliches Element des Menschen, das ihn von seiner Geburt bis zu seinem Tod begleitet und das ohne Unterlaß in Tätigkeit ist. Der Begriff Bewußtsein ist schwer definierbar.

In der Sophrologie arbeiten wir mit Bewußtseinszuständen, diese können entweder pathologisch, normal oder sophronisch sein. Ungefähr 75 % aller Menschen befinden sich in einem pathologischen oder präpathologischen Zustand. Sie alle leiden an funktionellen Störungen und Krankheiten.

Durch die verschiedenen Sophronisierungstechniken lernen Sie, vom pathologischen zum sophronischen Zustand zu gelangen. Wenn Sie in der Lage sind, regelmäßig die Schwelle zum sophronischen Bewußtsein zu erreichen, werden Sie feststellen, daß viele Ihrer gesundheitlichen Störungen spontan, ohne jede Hilfe von außen, verschwinden können.

Unter den sophronischen Bewußtseinszuständen versteht man alle Bewußtseinszustände, die sich nicht in die pathologischen oder gewöhnlichen Bewußtseinszustände einreihen lassen.

Gesundheit ist etwas Natürliches und sie ist in Ihnen. Durch die Aktivierung Ihres Gehirns können Sie viele Symptome ohne Medikamente oder chirurgische Eingriffe loswerden.

Wenn Sie lernen, sich regelmäßig in den sophronischen Zustand zu versetzen, so ist das die beste Vorbeugung und Maßnahme zur Erhaltung der Gesundheit. Um so weit zu kommen, müssen Sie sich die verschiedenen Techniken aneignen, die Ihnen Schutz vor übertriebenem Streß gewähren. Ihr Leben wird sich auf natürliche Weise positiv verändern. Das ist das eigentliche Ziel der Sophrologie.

Wie können Sie wissen, ob Sie sich in einem sophronischen Bewußtseinszustand befinden?

Wenn Sie diesen Zustand erreichen, machen Sie eine ungewöhnliche Erfahrung. Vielleicht haben Sie das schon erlebt, vor dem Einschlafen zum Beispiel, knapp bevor Sie in den Schlaf gleiten, wenn Sie klassische Musik hören oder tanzen, oder beim Orgasmus.

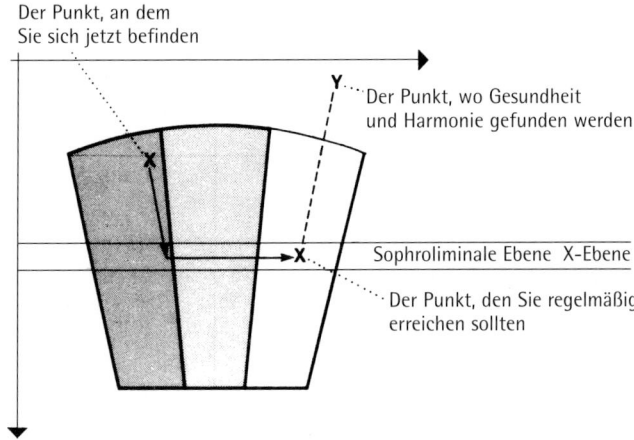

Der Punkt, an dem Sie sich jetzt befinden

Y ··· Der Punkt, wo Gesundheit und Harmonie gefunden werden

Sophroliminale Ebene X-Ebene

··· Der Punkt, den Sie regelmäßig erreichen sollten

## Der sophronische Zustand

Hier einige Empfindungen, die Sie im sophronischen Zustand erleben könnten: der Eindruck, zu fallen, leicht zu sein und sogar fliegen zu können. Sie können auch sehr schwer werden und das Gefühl haben, sich nicht mehr bewegen zu können. Vielleicht gewinnen Sie auch den Eindruck, daß ein Teil Ihres Körpers verschwunden ist oder daß er asymmetrisch ist. Auf jeden Fall verlieren Sie beim Eintreten in den sophronischen Zustand das Bewußtsein von Zeit und Raum. Das ist ein wichtiger Punkt, denn hier vermischen sich Vergangenheit, Gegenwart und Zukunft.

So erfahren Sie die Synchronizität der Zeit.

Verschiedene verbale oder mentale Methoden (autogenes Training nach Schultz, Sophro-Basis-Training, Terpsichor-Trans-Therapie T.T.T. u.a.) führen zur sophroliminalen Ebene.

Diese Techniken zu beschreiben ist interessant, würde aber den Rahmen dieses Buches sprengen und man braucht Zeit, um sie sich anzueignen. Ich kann Ihnen hier nur einige kleine Übungen anbieten, die sich jedoch in der Kombination und bei regelmäßiger Anwendung als sehr wirksam erwiesen haben.

Zu den üblichsten Methoden in der Sophrologie, die zum sophronischen Zustand führen, gehören die drei Stufen der dynamischen Entspannung (D.E.). Diese Techniken kommen aus dem Orient und wurden 1964 von Dr. A. Caycedo aus Indien und Japan mitgebracht. Sie wurden verschiedentlich in der Therapie erprobt, zum Beispiel in der Präventivmedizin. Die dynamische Entspannung ist eine revolutionäre medizinische Technik und ermöglicht Heilung ohne jede andere Hilfe. Sie wird in Europa bereits konsequent angewendet, speziell in der Gruppentherapie.

Die erste Stufe entstand aus dem Raja-Yoga, die zweite hat buddhistische Ursprünge und die dritte baut auf dem japanischen Zen-Buddhismus auf. Alle diese Techniken stimulieren intensiv die rechte Gehirnhälfte und fördern Kreativität und Intuition. Man kann sie entweder im Stehen oder im Sitzen anwenden. Viele glauben, daß man sich unbedingt im Liegen entspannen muß, diese Vorstellung trifft in der Sophrologie nicht zu. Wir müssen uns im Liegen entspannen können, aber auch im Sitzen oder im Stehen.

Nun eine Übung zur X-Ebene (aus der vorhergehenden Abbildung), die Schwelle zum sophronischen Zustand, die sog. SOPHROLIMINALE EBENE.

### Übung zur X-Ebene

*Wir liegen auf dem Rücken und entspannen uns, so gut wir können. Die Augen sind geschlossen. Wir entspannen uns gründlich, vom Kopf bis in die Zehenspitzen. Lassen wir uns Zeit und versuchen wir, wenn wir ganz entspannt sind, unser Gehirn einfach wie einen entspannten Muskel zu sehen. Entspannen wir nun unsere Psyche. Dann versuchen wir, eine Farbe auf unserem mentalen Bildschirm zu sehen, irgendeine Farbe. Wir stellen uns eine Farbe vor, wir sehen auf unserem mentalen Bildschirm irgendeine Farbe und einen Gegenstand mitten in der Farbe. Übereilen wir nichts, „erzwingen" wir das Bild nicht, lassen wir es von selbst entstehen. Keine unnötige Hast. Lassen wir uns Zeit.*

*Wenn wir das Bild sehen, versuchen wir, es zu umkreisen und von vorne, von hinten und von beiden Seiten zu betrachten. Mit etwas Übung können wir es dann sogar mit dem Finger berühren. Und jetzt lassen wir die Farbe und den Gegenstand verblassen. Wir bewegen die Zehen, ballen die Fäuste, strecken die Arme, atmen tief durch und öffnen schließlich die Augen.*

## Die Schwelle zum sophronischen Bewußtsein

Wenn die Übung geglückt ist, haben Sie die X-Ebene überschritten, das heißt die Schwelle zum sophronischen Bewußtsein. Was passiert auf dieser Ebene?

Sie öffnen die Türe zur Welt des Unbewußten, aus dem die Bilder entstehen. Hier können Sie die Ursache für Ihre funktionelle Störung oder ihre Krankheit, ihr Körpersymptom finden, durch regelmäßiges Üben werden Sie nach und nach nicht nur eine Farbe und einen Gegenstand sehen. Es ist möglich, daß diese spontan durch das Bild der Ursache Ihrer Störung ersetzt werden, wenn Sie sie noch nicht bewußt kennen (es kann sich um ein vergangenes oder aktuelles psychisches Trauma handeln). Wenn Sie sich diese Ursache bewußt machen und sie integrieren, kann das Symptom ein für allemal verschwinden. Das ist eine der Möglichkeiten, in der Sophrotherapie mit dem sophronischen Zustand zu arbeiten.

Hingegen ist es sehr viel schwieriger, die Y-Ebene zu erreichen (auf der gleichen Abbildung oben rechts). Zuerst einmal muß man unbedingt den Punkt X erreicht haben, um von dort aus schrittweise zum höheren sophronischen Bewußtsein zu gelangen, das Sie zum Punkt Y führt, wo Ihr Gehirn besser funktionieren kann.

Am Beginn des sophronischen Zustandes (X) zeigt Ihr Elektroenzephalogramm (EEG) an, daß Ihr Gehirn sehr langsam arbeitet und Theta-Wellen (6 Wellen / Sekunde) aussendet. Das bedeutet, daß Sie fast schlafen, denn der Schlaf beginnt bei 5 Wellen / Sekunde. Wenn dieser Punkt erreicht ist, können Sie versuchen, Methoden zu erlernen, die Schritt für Schritt die Gehirnrinde aktivieren.

Genau das wird im Orient gemacht, mit den Methoden des Buddhismus, des Raja-Yoga und der Zen-Meditation. Das Endziel ist die Erlangung des höchsten Bewußtseinszustandes, genannt SATORI oder KENSHO im Zen, und SAMADHI im Yoga. Es gibt auch den Begriff BARAKA.

Zu diesen sehr hohen Bewußtseinszuständen, wo wir Gamma-Wellen im Gehirn vorfinden (über 38 Wellen / Sekunde), gehört auch der Orgasmus. Der totale Orgasmus, die vollkommene Vereinigung von zwei Menschen, ist eine mentale Situation auf der Y-Ebene.

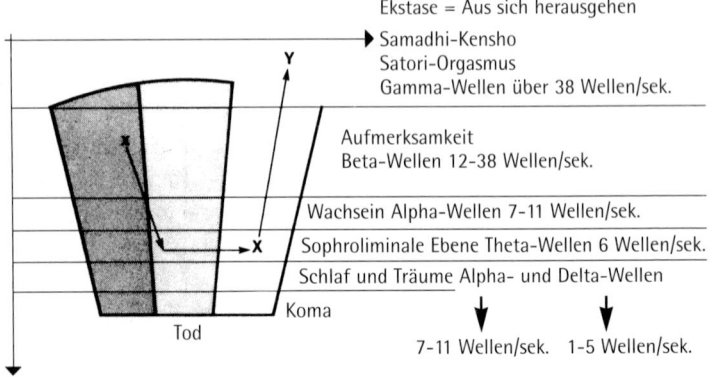

Ekstase = Aus sich herausgehen

Samadhi-Kensho
Satori-Orgasmus
Gamma-Wellen über 38 Wellen/sek.

Aufmerksamkeit
Beta-Wellen 12-38 Wellen/sek.

Wachsein Alpha-Wellen 7-11 Wellen/sek.

Sophroliminale Ebene Theta-Wellen 6 Wellen/sek.

Schlaf und Träume Alpha- und Delta-Wellen

Koma

7-11 Wellen/sek.    1-5 Wellen/sek.

Tod

Um die Y-Ebene zu erreichen, beginnt man die Funktionen der rechten Gehirnhälfte zu stimulieren, die Phantasie, die Intuition, das bildhafte Denken, die Kreativität usw.

Die Methoden sind alle paradox. Sie sind nicht rational, sie ermöglichen, sich voll und ganz auf eine Erfahrung einzulassen, in der wir nicht mehr danach trachten, zu verstehen, sondern einfach erfahren, erleben und begreifen, daß alles, was uns als Realität erscheint, nur Illusion ist. Dadurch wird es möglich, unser Bewußtsein aus uns herauszuprojizieren, auf einen Gegenstand, eine Person, oder besser noch ins Leere, ins Vakuum, ins Nichts. Genau das heißt wirklich Ekstase, in der etymologischen Bedeutung des Begriffes, EKSTASIS – aus sich herausgehen.

Um die Schwelle zur Y-Ebene zu erreichen, üben die Orientalen ihr Leben lang. Wenn sie es nicht schaffen, sterben sie in der Hoffnung, in einem nächsten Leben dorthin zu gelangen.

Mit den sophronischen Techniken, insbesondere mit der dynamischen Entspannung (D.E.) ist es für uns Abendländer möglich, dieses Stadium durch intensives Üben in einer gewissen Zeit zu erreichen. In den Sophrologie-Seminaren werden diese Techniken in Gruppen gelehrt. Dazu ist es notwendig, einen erfahrenen Sophrologen als „Führer" zu haben. Der Ablauf ist immer der gleiche: es beginnt mit der Konzentration, dann kommt die Meditation, und nach und nach gelangt man zur Kontemplation und schließlich zur Identifikation.

24

## Die „Koan"-Meditation

Versuchen wir, einige dieser Übungen zu verstehen: in der Zen-Meditation müssen die Schüler über einen sogenannten „Koan" meditieren, also einem Problem, für das es keine rationale Lösung gibt.

*Schließen Sie die Augen und entspannen Sie sich. Stellen Sie sich vor, daß ein Meister Ihnen gegenübersitzt, in die Hände klatscht und Ihnen folgendes sagt:*

*„Wenn Sie ein Geräusch hören, während ich in die Hände klatsche, dann gibt es keinen Grund dafür, daß eine Hand allein kein Geräusch macht. Hören Sie also auf das Geräusch, das meine Hand verursacht." Er sitzt vor Ihnen, mit seiner erhobenen Hand. Versuchen Sie, sich diese Situation vorzustellen und das Geräusch dieser einen Hand zu hören.*

Ein anderes wohlbekanntes „Koan":

### Übung Koan-Meditation

*„Eines Tages legt ein Bauer ein Gänseei in eine Flasche und bebrütet es 23 Tage lang. Ein Küken schlüpft aus dem Ei, er ernährt es durch die Öffnung, so daß das Gänsejunge rasch wächst. Jetzt füllt das Tier die Flasche vollständig aus.*

*Und der Bauer möchte es befreien, ohne die Flasche zu zerbrechen oder die Gans zu töten!" (Siehe Abbildung auf der nachfolgenden Seite.)*

*Schließen Sie nun die Augen, stellen Sie sich diese Geschichte vor und meditieren Sie darüber, um für dieses unlösbare Problem eine Lösung zu finden.*

Entspannen Sie sich täglich so tief wie möglich, entweder im Liegen oder im Sitzen, und meditieren Sie eine Viertelstunde. Dadurch stimulieren Sie Ihre rechte Gehirnhälfte und harmonisieren ihre Gehirnfunktionen.

# 3 Die Harmonie der Gehirnhälften

In diesem Kapitel möchte ich zuerst über die Erhaltung der Harmonie von Körper-Geist sprechen. Voraussetzung dafür ist u.a. die Kenntnis der Gehirnhälften und deren Training, die ich im zweiten Teil des Kapitels bespreche. Die Harmonisierung der Gehirnhälften ist eines der Grundkonzepte der Sophrologie.

### Die Harmonie

In der chinesischen Tradition wird ein gesunder Mensch folgendermaßen symbolisiert:

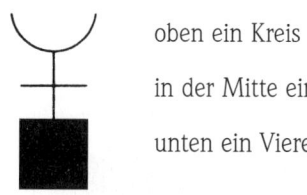

oben ein Kreis

in der Mitte ein Kreuz

unten ein Viereck

Dieses Symbol stellt einen aufrecht stehenden Menschen dar, der in völliger Harmonie mit sich selbst und dem Kosmos ist.

Der Mensch hat die aufrechte Haltung, um eine kosmische Beziehung zwischen Himmel und Erde herzustellen. Wenn der Mensch steht, dann sind die Methoden der Sophrologie am wirkungsvollsten: den Kopf zum Himmel gerichtet, mit den Füßen fest auf dem Boden.

Bei der dynamischen Entspannung (D.E.) sitzen oder stehen wir, das ist die Stellung eines völlig gesunden Menschen. Wenn wir hingegen liegen, ist die kosmische Beziehung zerstört, und die Techniken sind weniger wirksam.

Das chinesische Symbol für den Tod sieht so aus:

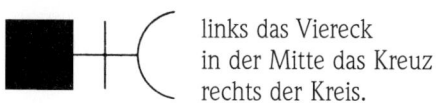

links das Viereck
in der Mitte das Kreuz
rechts der Kreis.

Daraus ergibt sich, daß der Tod nichts anderes ist als die Zerstörung des Gleichgewichtes zwischen kosmischer und Erdenergie.

Wir werden später noch genauer auf dieses Thema eingehen.

Jetzt beschäftigen wir uns mit der Bedeutung dieser Symbole:

- Der Kreis steht für den Himmel
  (Zeit – Gedanken – Geist – Intelligenz – Metaphysik)
- Das Kreuz steht für das Leben
  (Gefühle – Seele – Psychologie)
- Das Viereck steht für die Erde
  (Raum – Sinne – Instinkte – Materie – Körper)

Zusammenfassend ist also ein Mensch bei guter Gesundheit, wenn sich diese drei Ebenen im Gleichgewicht befinden.

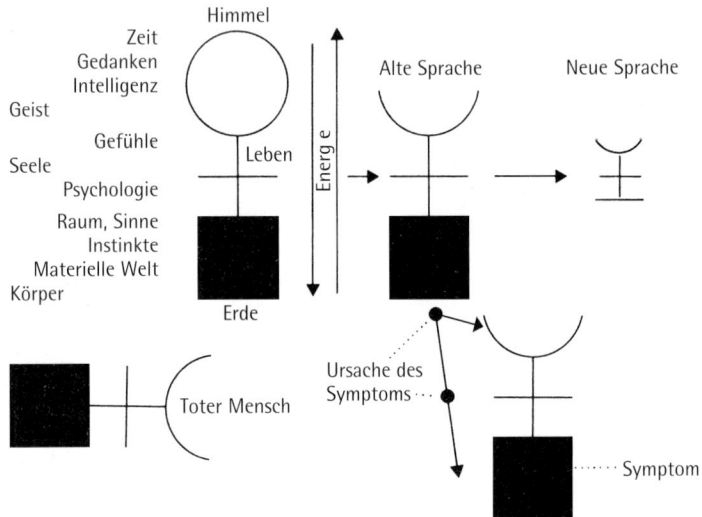

Wenn die Energie in einer dieser Ebenen nicht im Gleichgewicht ist, wird der Mensch krank. Das ist die Grundlage der Sophrologie und Ganzheitsmedizin, denn Gesundheit ist per definitionem das vollkommene Gleichgewicht zwischen Geist, Seele und Körper. Krankheit ist der Verlust der Harmonie (oder des Gleichgewichtes) zwischen diesen drei Ebenen. Eine funktionierende Therapie können wir nur dadurch erstellen, daß wir nicht nur das Viereck (den Körper) untersuchen und behandeln sondern das Kreuz und den Kreis (Seele und Geist) miteinbeziehen.

Hier eine praktische Übung für den Morgen:

### Übung zur Phantasieanregung:

*Legen Sie sich auf Ihr Bett oder auf den Boden. Atmen Sie tief ein, und während Sie langsam ausatmen, denken Sie: Ich bin ruhig, entspannt.*

*Entspannen Sie Ihr Gesicht, lockern Sie die Kiefer, die Lippen berühren sich leicht, die Zunge liegt locker und entspannt am Gaumen. Lassen Sie die Schultern fallen und atmen Sie langsam und tief durch den Bauch. Denken Sie dabei: Heute ist ein guter Tag, alles wird gut gehen. Ich beherrsche meine Gefühle. Alles, was ich anpacke, wird mir gelingen.*

*Bleiben Sie einen Augenblick ruhig und bewegen Sie dann, ohne die Augen zu öffnen, die Zehen und die Finger. Schlucken Sie, strecken Sie sich durch und atmen Sie dabei tief durch. Erst dann öffnen Sie die Augen.*

In dieser Übung haben wir begonnen, mit Hilfe des positiven Denkens die Phantasie anzuregen.

Die Phantasie ist sehr viel stärker als der Wille. Wenn Sie sich zum Beispiel eine Situation vorstellen, wo Sie versagen könnten, dann erhöht sich die Wahrscheinlichkeit, daß Sie tatsächlich versagen. Wenn Sie sich jedoch positive Gedanken und Erfolgsgedanken suggerieren, sogar im völlig wachen Zustand, erhöhen sich Ihre Erfolgschancen beträchtlich.

Im entspannten Zustand dringen Ihre Gedanken noch tiefer in Ihre subliminale Welt ein, die nun ihrerseits eine unbewußte und positive Reaktion auslöst.

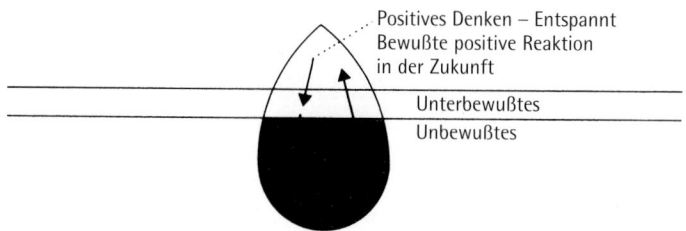

Positives Denken – Entspannt
Bewußte positive Reaktion
in der Zukunft

Unterbewußtes
Unbewußtes

Üben Sie in entspanntem Zustand, sich eine positive Zukunft vorzustellen. Der Erfolg wird sich einstellen.

## Erhaltung der Harmonie von Körper-Seele-Geist

An diesem Punkt sollten Sie das wesentliche Ziel der Sophrologie verstehen – die Erlangung und Erhaltung des vollkommenen Gleichgewichtes, der Harmonie zwischen Geist, Seele und Körper. Die Ursache für ein Symptom im Körper liegt entweder im seelischen oder im geistigen Bereich.

Die Medizin kümmert sich oft nur um unseren physischen Körper, um seine Symptome (und nicht um ihre Ursachen). Ein Symptom zu behandeln bedeutet nicht echte Heilung. Diese Behandlung ist in akuten Fällen oft notwendig um, Schlimmeres zu verhindern, aber sie kann nicht zur Ursache vordringen, also wirklich HEILEN.

Das Ziel der Sophrologie besteht darin, die URSACHE des Symptoms zu finden. In Verbindung mit den herkömmlichen Behandlungsmethoden kann man von einer GANZHEITLICHEN MEDIZIN sprechen. Wir lehren unsere Patienten, wie sie ihr Gleichgewicht finden können, das sie brauchen, um Symptome und Störungen zu vermeiden. Gleichzeitig versuchen wir, Ihnen klarzumachen, daß Sie selbst verantwortlich sind für Ihr inneres Gleichgewicht, Ihre Gesundheit und folglich für Ihr persönliches Glück.

VORBEUGEN IST BESSER ALS HEILEN.

Die Sophrologie ist eine Behandlungsmethode, aber auch ein Weg zur Vorbeugung. Es muß viel mehr im Bereich der Prophylaxe gearbeitet werden. Therapien sollten eher die Ausnahme darstellen.

Im alten China gab es bei Hofe immer einen Arzt, dessen Rolle es einzig und allein war, Krankheiten vorzubeugen. Wenn ein Mitglied der Familie des Mandarins erkrankte, wurde der Arzt zum Tode verurteilt.

Diese Ärzte bezogen sich auf das Prinzip der Energie und auch auf die Vorstellung, daß Gesundheit in enger Verbindung mit dem vollkommenen Gleichgewicht zwischen Kreis, Kreuz und Viereck steht. Sie hatten bereits entdeckt, daß ein Ungleichgewicht im Bereich des Kreuzes oder des Kreises immer zu einem Symptom im Bereich des Körpers führt. Es war ihnen möglich, schon im Vorfeld das Auftreten eines Symptomes zu erkennen und es so zu verhindern.

Unser gesamtes Erziehungs- und Bildungssystem baut zu 100 % auf dem Viereck auf, also auf dem Materialismus und der Rationalität. Wir stimulieren nur unsere linke Gehirnhälfte und erfahren so nur einen geringen Teil unserer Ganzheit. Das Ergebnis: Wir sind eine materialistische, ihren Instinkten unterworfene Gesellschaft. Wenn wir uns nur mit dem Körper und seinen Symptomen beschäftigen, können wir unser geistiges Potential nicht voll ausschöpfen, denn wir agieren nur auf der Ebene des Viereckes.

Der Kreis symbolisiert die spirituelle Seite des Menschen, die dem Göttlichen entspricht, wo die Dinge nicht erklärt werden können, sondern erfahren und erlebt werden. Das kann sich auf die sogenannte „nonverbale" Kommunikation beziehen, eine stillschweigende Beziehung zwischen zwei Menschen, die stärkste überhaupt, die sehr viel weiter geht als die verbale Kommunikation. Wenn Sie das, was ich schreibe, sehr aufmerksam lesen merken Sie, daß ich versuche, mit Ihnen auch jenseits von Wörtern und Sätzen in Verbindung zu treten. Wir können also von „geistiger" Kommunikation sprechen. Wenn Sie aber nur mit Ihrem rationalen Verstand lesen, dann kommunizieren wir auf der Ebene des Viereckes. Man spricht dann von einer profanen Symbolik.

Die Kommunikation auf der Ebene des Kreuzes stellt die heilige Symbolik dar. Sie spüren meine Worte, sie lösen in Ihnen ein mehr oder weniger starkes Gefühl aus, das eng mit den verwendeten Symbolen verknüpft ist, jenseits aller Rationalität. Sie hören eine heilige Sprache.

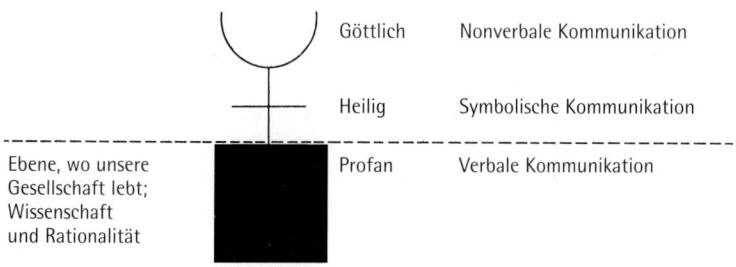

Bezogen auf die vorhergehenden Seiten, auf das Konzept des aufrechten, gesunden Menschen und – anatomisch gesehen – stellt der Kreis unseren Kopf dar, das Kreuz den Brustkorb mit den ausgestreckten Armen und das Viereck den Bauch.

Unser Kopf enthält das Gehirn, also das Organ des Denkens, der Intelligenz. Es ist unser geistiges Organ, durch das wir vollkommen mit uns selbst und den anderen Menschen kommunizieren können, ohne ein einziges Wort sagen zu müssen.

In unserem Brustkorb liegen die Lunge und das Herz, die direkt mit den Emotionen und Gefühlen verbunden sind. Immer wenn wir eine Gefühlsregung verspüren, verändern sich Herzrhythmus und Atmung. Dieses Kreuz symbolisiert also den Teil unseres Körpers, den wir als „heilig" bezeichnen, wo die Organe mit der Psyche in Verbindung sind.

Im Bauch hingegen befinden sich die materiellen Organe, die sich mit der Materie auseinandersetzen, die mit dem Instinkt, mit dem Viereck verbunden sind.

Das Gehirn, als „göttlich" bezeichnet, wird vollständig durch einen Panzer (den Schädel) geschützt und kann daher nicht berührt werden. Das Herz und die Lunge, die als „heilig" bezeichneten Organe, sind im Brustkorb viel weniger gut geschützt, denn zwischen den Rippen gibt es Zwischenräume. Die Organe im Bauchraum, also die „profanen" Organe, sind nicht knöchern geschützt.

Stellen wir uns nun die Beziehung zwischen zwei Menschen vor: zwei Kreise, zwei Kreuze und zwei Vierecke. Dadurch können wir den Unterschied zwischen Liebe und Sexualität besser erfassen. In unserer Gesellschaft verwechseln wir die beiden leider häufig. Sexualität allein stellt nur eine Beziehung zwischen den „Vierecken" her, also eine materielle Beziehung.

Das Wichtigste auf der Welt ist DIE LIEBE. Wenn auf Basis der Liebe die Sexualität hinzukommt, wird die Liebe verstärkt. Wahre Liebe kann nur bestehen, wenn sich die gegenseitige Zuneigung zwischen zwei Menschen auch auf die seelische und die geistige Ebene erstreckt. Was auch zwischen zwei Personen gleichen Geschlechtes, zwischen Eltern und Kindern und Familienmitgliedern bestehen und zwischen Freunden möglich und erstrebenswert ist.

Diese Art der Liebe im Sinne von Agape sollte den Vorrang vor der Sexualität haben, ohne Liebe bringt der Geschlechtsakt nur oberflächliche Befriedigung. Um die Fülle des Orgasmus zu erleben, ist die Liebe unerläßlich.

**Die beiden Gehirnhälften**

In unserer Gesellschaft wird vor allem das rationale Denken betont. Alles was wir lernen, entwickelt und aktiviert unsere linke Gehirnhälfte, wo sich das Sprachzentrum, das Zentrum der Vernunft, der konkreten Intelligenz und des Willens befinden. Die rechte Gehirnhälfte hingegen ist zuständig für unsere Kreativität, Phantasie, Intuition, für die abstrakte Intelligenz, für das bildhafte Denken und Sinneseindrücke. Versuchen Sie folgende Übung:

## *Übung Gehirnhälftentraining*

*Setzen Sie sich und schließen Sie die Augen. Konzentrieren Sie Ihre Aufmerksamkeit auf das rechte Auge, bewegen Sie es unter dem geschlossenen Lid und zeichnen Sie mit dem Auge imaginäre Figuren – ein Kreuz, ein Dreieck, ein Viereck, und dann einen Kreis.*

*Machen Sie anschließend das gleiche mit dem linken Auge.*

*Dann, immer noch mit geschlossenen Augen, betrachten Sie mit dem rechten Auge einen blühenden Obstbaum, während Sie sich mit dem linken Auge den gleichen Baum schneebedeckt vorstellen. Halten Sie diese beiden Bilder gleichzeitig fest.*

*Versuchen Sie nun, die beiden Bäume zu vereinen, so daß Sie nur mehr einen einzigen sehen: im Herbst, wenn die Blätter fallen.*

Zahlreiche Übungen wurden entwickelt, um den Gebrauch beider Gehirnhälften zu fördern, wie z.B. die oben erwähnte. Die regelmäßige Wiederholung dieser Übung hilft Ihnen, Ihre Phantasie und die Funktionen der rechten Hirnhälfte zu stimulieren. Man kann viele ähnliche Übungen machen, wie etwa:

*Stellen Sie sich mit dem linken Auge ein weißes Pferd vor, mit dem rechten ein schwarzes, oder umgekehrt. Vereinen Sie dann die beiden in Form eines grauen Pferdes in der Mitte.*

So kann man diese Technik mit allen möglichen natürlichen Gegenständen, geometrischen Formen und Farben abwandeln.

Versuchen wir die folgenden einfachen Übungen:

### Übung zur „Gehirnhälftenförderung"

*Wir setzen uns und legen die Hände auf die Ohren, wobei die Handflächen Muscheln bilden, ohne jedoch die Ohren zu berühren. Wir schließen die Augen und hören den Klang der Luft, die in unseren Händen eingefangen ist.*

*Klingt es nicht wie Wellen, wie der Widerhall von weit entfernten Meeresgestaden? Stellen wir uns kurz vor, daß wir am Meer sind, daß wir barfuß durch den feinen Sand laufen. Oder wir liegen einfach in der Sonne.*

*Die Hände liegen wieder wie Muscheln auf den Ohren. Mit geschlossenen Augen, Gesicht und Schultern entspannt, atmen Sie langsam mit dem Bauch. Versuchen Sie in diesem entspannten Zustand, mit dem linken Ohr eines Ihrer Lieblingsstücke der klassischen Musik zu hören und gleichzeitig auf dem linken Ohr, sich an eine Jazz-Melodie zu erinnern.*

Diese Übungen stimulieren Phantasie und Kreativität und verbessern gleichzeitig Ihr Gedächtnis.

Sie können diese Übung regelmäßig machen und dabei die Klänge nach Belieben verändern. Zunächst scheint dies vielleicht unmöglich, nach und nach wird es Ihnen durch wiederholtes Üben durchaus gelingen, Klänge zu hören, die aus dem Innern, aus der Erinnerung kommen.

### Übung zum Gehirnhälftentraining

*Legen Sie sich hin und schließen Sie die Augen. Versuchen Sie, sich in dieser Stellung so tief wie möglich zu entspannen, atmen Sie langsam und tief mit dem Bauch.*

*Denken Sie bei jedem Ausatmen: Ich bin entspannt.*

*Konzentrieren Sie sich nun auf die Luft, die sie durch die Nase einatmen. Dabei stellen Sie fest, daß diese Luft eher kühl ist. Konzentrieren Sie sich auch auf die ausgeatmete Luft, die wärmer ist. Lassen Sie sich ganz von dieser Temperaturveränderung durchdringen:*

*Kühl beim Einatmen – wärmer beim Ausatmen.*

*Wenn Sie sich dieser Temperaturveränderung voll bewußt sind, können Sie die Zehen bewegen, die Fäuste ballen, tief einatmen, die Arme und Beine strecken und dann erst die Augen öffnen.*

Hier eine weitere Möglichkeit, die Gehirnhälften zu entwickeln:

*Legen Sie sich hin, schließen Sie die Augen. Entspannen Sie sich so tief wie möglich. Konzentrieren Sie sich nun auf die Luft, die beim Einatmen durch Ihre Nasenlöcher strömt. Spüren Sie, wie sie durch die Nase eindringt. Versuchen Sie nun, ohne Ihre Nase zu berühren, die Luft ausschließlich auf das rechte Nasenloch zu lenken, atmen Sie nur durch das rechte Nasenloch ein und aus.*

*Anschließend lenken Sie Ihre Atmung mental um, indem Sie nur durch das linke Nasenloch ein- und ausatmen.*

*Nachdem Sie zwei bis drei Minuten lang in dieser Übung die Luft von rechts nach links und zurück umgelenkt haben, können Sie die Zehen, die Finger und die Gesichtsmuskeln bewegen, sich strecken, tief durchatmen und die Augen öffnen.*

Am Anfang ist Ihnen diese Übung vielleicht unangenehm, aber mit ein wenig Routine wird sie angenehm und einfach.

### Übung für das Phantasietraining

*Schließen Sie die Augen und entspannen Sie sich, so gut es Ihnen möglich ist, denn wir werden nun üben, die rechte Gehirnhälfte besser zu benutzen.*

*Stellen Sie sich vor, Sie sitzen auf einem Pferd. Es ist sehr kalt, aber Sie tragen einen dicken Pelzmantel und warme Handschuhe. Sie spüren die beißende Kälte auf Ihrem Gesicht, aber Ihr übriger Körper ist warm. Lauschen Sie dem Wind und folgen Sie der Bewegung Ihres Pferdes. Beobachten Sie auch die Umgebung und stellen Sie sich vor, daß sie wirklich da ist. Das, was Sie erleben, ist so wirklich, daß Sie kaum glauben können, daß alles nur Ihrer Phantasie entspringt. Der Eindruck ist im übrigen einem Traum sehr ähnlich, denn wenn Sie träumen, wissen Sie nicht, daß Sie träumen. Alles erscheint Ihnen wirklich.*

*Nach diesem schönen Wachtraum können Sie ganz aufwachen, wie Sie es in den vorhergehenden Übungen gelernt haben.*

Diese Übung diente dazu, Ihre Phantasie zu trainieren. Machen Sie regelmäßig solche Übungen, denn das Wunderbare daran ist, daß es im Zustand der tiefen Entspannung weder Raum noch Zeit gibt und daß die Phantasie grenzenlos ist.

Das Leben ist eine Abfolge von Zielen, die wir verfolgen. Warum sollen wir nicht unsere Phantasie gebrauchen, um sie zu erreichen? Dieser Prozeß ist sehr viel aktiver, wenn wir ihn im sophronischen Zustand praktizieren.

### Übung „Zukunft programmieren"

*Schließen Sie die Augen, entspannen Sie sich vollkommen. Wenn Sie ganz entspannt sind, versuchen Sie, Ihre Zukunft zu programmieren, indem Sie sich eine konkrete Situation oder den Erfolg, den Sie sich wünschen, vorstellen.*

*Wenn Sie diese Situation gut „gesehen" haben, können Sie sich gründlich strecken, die Augen öffnen und in die Wirklichkeit zurückkehren.*

So können Sie Ihre Phantasie für eine Menge Dinge verwenden, und Sie werden erstaunt über die Ergebnisse sein.

Natürlich geben sich die meisten von uns bereits ihrer Phantasie hin, aber oft auf negative Weise. Zum Beispiel denken wir vor dem Schlafengehen an den nächsten Tag und stellen uns dabei vor, wie wir bei einer Prüfung durchfallen, krank werden, einen Termin versäumen oder einfach nicht schaffen, was wir uns vorgenommen haben, usw. Und das trifft dann auch ein, „alles geht schief". (Ganz zu schweigen von den langen Minuten, während derer man nicht einschlafen kann, weil man sich Sorgen über die Zukunft macht, wo es doch viel angenehmer wäre, mit guten Gedanken einzuschlafen.)

Es ist sehr wichtig, sich von positiven Gedanken durchdringen zu lassen, so daß wir unser Leben positiv verändern können, wenn wir die Phantasie bewußt und bejahend einsetzen.

### *Atemübung zur Gehirnhälftenkoordination*

Jetzt möchte ich Ihnen eine ganz besondere Atemübung erklären, mit der Sie Ihre beiden Gehirnhälften besser kontrollieren können.

*Legen Sie sich entweder auf den Boden oder auf Ihr Bett. Schließen Sie die Augen und entspannen Sie wie üblich die Muskeln des Gesichts, des Nackens, der Schultern, der Brust, des Bauches, der Arme und der Beine. Und konzentrieren Sie sich auf Ihre Atmung.*

*Atmen Sie durch die Nase, und atmen Sie die Luft in beide Lungenflügel ein. Heute werden Sie versuchen, Ihre Lunge zu beherrschen.*

*Dazu lenken Sie Ihre Aufmerksamkeit auf den Brustkorb und spüren, wie sich die Lungenflügel langsam heben und senken. Versuchen Sie, den rechten Lungenflügel zu stoppen und nur noch mit dem linken zu atmen. Konzentrieren Sie alle Ihre Gedanken auf diesen atmenden Lungenflügel, stellen Sie sich vor, wie er funktioniert, wie er sich bewegt, wie die Luft in ihn eindringt. Er wird zu Ihrer eigentlichen Atmung. Ihre ganze linke Seite atmet.*

*Hören Sie dann auf, mit dem linken Lungenflügel zu atmen, und atmen Sie nur noch mit dem rechten. Erst wenn Sie diese Übung vom Anfang bis zum Ende beherrschen, auf keinen Fall früher, bewegen Sie die Zehen, die Finger, strecken Sie die Arme und die Beine, atmen Sie tief ein und aus und dann, wenn Sie bereit sind, öffnen Sie die Augen.*

Durch die Beherrschung Ihrer Atmung kontrollieren Sie auch Ihr Gehirn. Metaphysisch gesprochen nimmt Ihr Körper beim Einatmen die Energie des Kosmos auf, und beim Ausatmen geben Sie einen Teil Ihrer Energie an das ganze Universum ab.

Atmen entspricht also einem universellen Austausch. Nach und nach werden Sie feststellen, daß Sie ein vollständiges Abbild des Universums (Makrokosmos – Mikrokosmos) sind. Alles existiert in Ihnen, folglich können Sie alles in sich selbst finden. Und dennoch sucht in unserer Zivilisaton jeder das, was er braucht, in der äußeren Welt, was oft zu Leid führt.

Das Glück ist in uns, suchen wir es. Solange wir es anderswo suchen, fühlen wir uns oft vom Pech verfolgt und sind traurig.

Blicken Sie öfter tief in Ihr Inneres. Dort werden Sie alles finden, was Sie sich wünschen, denn Ihr Körper ist ein Mikrokosmos, ein vollständiges Universum.

Mit dem Training der Gehirnhälften erreichen wir die Harmonie von Körper-Seele-Geist, ein neues Körperbewußtsein, das uns frühzeitig gegen Krankheiten zu schützen vermag.

# 4 Der Streß

Ein guter Umgang mit Streß ist der beste Weg zu Freude und innerem Gleichgewicht. Die Sophrologie lehrt Methoden, um sich den Streß geschickt zunutze zu machen. Damit vergrößern Sie Ihr kreatives Potential und Ihre Effizienz.

Die sog. Stressoren sind Faktoren, die Streß auslösen. Streß ist die Reaktion des Körpers auf die Stressoren, die sich aus eigenen oder Umweltproblemen ergeben.

Wenn Sie mit einem greifbaren Problem oder mit Lärm konfrontiert sind, erzeugt Ihr Körper eine Reaktion, die wir als Streß bezeichnen und die immer mit chemischen und physikalischen Veränderungen einhergeht. Man beobachtet eine erhöhte Muskelspannung im ganzen Körper, das Herz schlägt schneller, der Blutdruck steigt, und die Atmung wird oberflächlich. Sie sind Gefangener des Syndroms „Kämpfen oder Fliehen".

Der Blutzuckerspiegel, das Cholesterin und die Katecholamine (Nebennierenhormone) steigen signifikant. Gleichzeitig nimmt die Zahl der weißen Blutkörperchen und Antikörper rapide ab. Ihre Widerstandskraft ist dadurch geschwächt, und das erhöht die Anfälligkeit für Infektionen und Krankheiten.

Durch die Techniken der Sophrologie können wir unsere Reaktionen und Spannungen wirksam kontrollieren, um gesund und leistungsfähig zu bleiben.

## Gesunder Streß

Können Sie sich ein Leben ohne jeden Streß vorstellen? Oder ohne Probleme? Das Leben wäre unerträglich monoton. Sie würden Ihre ganze Kreativität verlieren und sogar die Lebensmotivation; sehr schnell würden Sie depressiv und krank werden.

Wir müssen erkennen, daß Streß etwas sehr Positives sein kann, mit dem man lernen muß umzugehen. Streß ist eine „Lebensenergie", und wenn Sie lernen, ihn richtig einzusetzen, werden Sie kreativer und glücklicher sein. Sie können lernen, die vom Streß erzeugte Spannung wirksam zu verringern, wenn sie zu stark wird und Sie können auch Ihre Reaktion auf bestimmte Probleme (Stressoren) verändern.

Die Sophrologie kann Ihnen dabei helfen, sich von den Spannungen des täglichen Lebens nicht unterkriegen zu lassen und diese Kräfte kreativ einzusetzen. Ihre körperliche und auch psychische Reaktion auf bestimmte Streßfaktoren (die sogenannten Stressoren) verändert sich dadurch grundlegend. Sie können eine Situation sofort in den Griff bekommen, indem Sie sich vollkommen entspannen, anstatt eine Eskalation der körperlichen und psychischen Spannungen bei bestimmten Problemen oder Aggressionen zuzulassen. Entspannen Sie zuerst das Gesicht, die Kiefermuskulatur und vergessen Sie dabei die Zunge nicht. Lockern Sie die Schultern und atmen Sie tief mit dem Bauch. Diese einfache körperliche Entspannung löst eine sofortige kybernetische Rückkoppelung (Feedback) im Gehirn aus und bremst somit Ihren Zustand der Übererregung.

Am Anfang werden Sie noch bewußt reagieren, später entwickeln Sie dann einen bedingten Reflex, der automatisch die negativen Auswirkungen Ihrer Spannungen beseitigt.

Setzen Sie diese Methode sofort in die Praxis um, und zwar jedesmal, wenn Sie sich auf irgendwelche Weise attackiert fühlen. Ihre Reaktion wird dann automatisch positiv sein.

Nehmen Sie nun ein leeres Blatt Papier und einen Stift zur Hand. Ziehen Sie einen senkrechten Strich und teilen Sie das Blatt in zwei Hälften. Auf die linke Seite schreiben Sie nun alles, was Ihrer Meinung nach in Ihrem Leben gut und angenehm ist, zum Beispiel Ihre Arbeit, Sport, Ihre Familie und viele andere Dinge, die zu Zufriedenheit Anlaß geben. Wenn die positive Liste dann komplett ist, schreiben Sie in die rechte Spalte alles, was Ihnen negativ oder destruktiv scheint. Zum Beispiel den Mangel an Liebe, unter dem Sie leiden, Ihre finanziellen Probleme, Ihre häuslichen Streitigkeiten, Ihre Arbeit, sexuelle Probleme usw. Lassen Sie sich Zeit und versuchen Sie, nichts zu vergessen.

Ich werde Ihnen erklären, was wir mit dieser Liste machen. Lesen Sie noch einige Male durch, was Sie geschrieben haben. Gibt es vielleicht etwas, an das Sie vorher nicht gedacht hatten?

Sehen wir uns diese Bestandsaufnahme nun genauer an. Manche werden feststellen, daß die negative Liste länger ist als die positive. In anderen Worten, die Waagschale mit den negativen Aspekten ist schwerer.

Wenn die negativen Aspekte in Ihrem Leben gegenüber den positiven überwiegen, werden Sie krank. Versuchen Sie daher, einige ungünstige Elemente zu beseitigen, indem Sie Ihr Leben einfacher gestalten oder einige schlechte Gewohnheiten ablegen.

Versuchen Sie, einige positive Aspekte hinzuzufügen, interessante Dinge, die Sie schon lange machen wollten, bis sich die Waagschale auf die richtige Seite neigt.

Einige Dinge in Ihrem Leben werden Sie ändern müssen, und dazu braucht es ziemlich viel Mut. Wagen Sie es! „Es funktioniert"!


## Überstimulierung durch Streß

Ohne es zu merken, leiden viele Menschen an „Überstimulierung", was zu starken körperlichen und psychischen Reaktionen tief in ihrem Innern führt, zu einem permanenten Streß (es stimmt auch, daß Streß die logische Folge jeder Stimulierung ist). Zu dieser „Überstimulierung" gehören alle Überbelastungen der Sinnesorgane.

Lärm kann sehr negative körperliche und psychische Reaktionen auslösen. Sie glauben vielleicht, daß man sich an Lärm gewöhnen kann, aber das stimmt nicht. Lärm beeinflußt unterschwellig und schleichend das gesamte Nervensystem.

Interessante Versuche wurden in diesem Zusammenhang gemacht, zum Beispiel der folgende:

Wir wählten Pflanzen gleichen Alters, die in der gleichen Erde wuchsen, gleich stark gegossen wurden und alle gleich viel Licht bekamen, und zwar in vier verschiedenen Gewächshäusern. Im ersten Gewächshaus passiert gar nichts. Die Pflanzen werden ganz normal behandelt. Im zweiten wird 24 Stunden täglich Barockmusik gespielt, im dritten läuft ständig New Orleans Jazz und im vierten verschiedene Varianten von „Disco Sound". In allen Gewächshäusern wird das Wachstum der Pflanzen täglich genau gemessen und mit dem der Pflanzen im ersten Gewächshaus verglichen, wo es keine Musik gibt. Im zweiten (Barockmusik) wachsen die Pflanzen schneller und im dritten (Jazz) gleich schnell. Im vierten Gewächshaus hingegen, und darum geht es in dem Versuch, verlangsamt sich das Wachstum, bis die Pflanzen sterben. Es ist also einfach, zu verstehen, warum Stammkunden von Diskotheken oft krank werden. Tanzen an sich ist gesund, aber in Verbindung mit „Disco Musik", die meist viel zu laut gespielt wird, kommt es häufig zum sog. „Distreß".

## Streß im Beruf

Ob Sie nun Manager, Beamter oder Direktor sind, ständig müssen Sie Entscheidungen fällen, die man als nicht programmiert bezeichnen könnte. Solche Situationen lösen oft Streß aus, der dem eines Notfallarztes nicht unähnlich ist. Beide Berufsgruppen erleben Zeiten von akutem Streß, der zu „Distreß"-Situationen und in der direkten Folge zu Krankheiten führen kann, wenn er sich oft und regelmäßg wiederholt. Diese Art von Spannung wird am häufigsten von Topmanagern, Ärzten usw. erlebt und kann zum Infarkt, zum Schlaganfall, zu Gehirnblutungen, funktionellen Krankheiten oder tiefgreifenden Neurosen führen. Um diese Situation zu mildern, muß man lernen, die unvermeidlichen Spannungen loszuwerden, die mit wichtigen Entscheidungen einhergehen. Je entspannter man ist, umso leichter kann man Lösungen finden, und das mit einer geringeren Fehlerquote.

Es gilt: Je besser man sich vor einer Entscheidung körperlich entspannen kann, desto eher ist man in der Lage, den Streß unter Kontrolle zu halten und kreativ einzusetzen. Dadurch können Sie im richtigen Augenblick die richtige Entscheidung fällen.

Wenn Sie jedoch den Streß zu stark werden lassen, setzen Sie sich psychischen Spannungen aus und werden unfähig, die richtige Entscheidung zu treffen. Sie machen Fehler, vergeuden Ihre Energie sinnlos und können in den meisten Fällen nicht mehr effizient arbeiten.

Entspannen Sie sich jetzt bitte, dort wo Sie sich gerade befinden.

### *Übung zur Entspannung*

*Entspannen Sie das Gesicht und die Schultern. Atmen Sie tief und langsam durch den Bauch.*

Sie werden sofort feststellen, daß Ihre Gedanken klarer werden und die Spannung sich auflöst.

Wenn Sie das öfter machen, können Sie Ihre Probleme erfolgreich angehen und mit Leichtigkeit lösen.

Zu den Faktoren der Überstimulierung, die wir bereits erwähnt haben, müßte noch ein weiterer hinzugefügt werden, nämlich die Information.

Heutzutage werden wir von einer Flut von Informationen über das, was auf der ganzen Welt geschieht, überrollt. Die Massenmedien, die Presse, das Radio und das Fernsehen stopfen uns täglich mit negativen, destruktiven Nachrichten voll. Vor einem Jahrhundert kümmerte sich noch kein Mensch darum, was in Polen, in Südafrika oder anderswo vor sich ging. Heute fühlen sich alle solidarisch und betroffen von jedem Ereignis irgendwo am andern Ende unseres Planeten. Wenn wir nicht zufällig ein sehr wichtiger Politiker sind, dann haben wir überhaupt keinen Einfluß auf den Lauf der Dinge, und trotzdem lösen die Tag für Tag gespeicherten Informationen einen intensiven Streß aus, das heißt also eine chemische Reaktion auf der körperlichen Ebene. Ich glaube, daß wir sehr gut leben könnten, ohne diese ganzen destruktiven Ereignisse über uns ergehen zu lassen. Schon morgens beim Zeitunglesen werden Sie in einen Strom von negativen Informationen getaucht: politische Ereignisse, Unfälle, Katastrophen, Todesfälle usw. Und schon beginnen Sie Ihren Tag mit negativen Gefühlen!

Fernsehen kann auf mehrfache Weise schädlich sein. Eine vernünftige Programmauswahl findet selten statt. Sie schaden ihren Augen und setzen sich Strahlen aus, wenn sie zu nahe beim Gerät sitzen. Darüberhinaus werden sie durch die Nachrichten oder andere Sendungen mit einer Unmenge an negativen Informationen bombardiert.

Wenn man einer Ratte Formalin oder Plazenta, Hormone oder irgendeine Droge injiziert, reagiert sie mit Streß. Das erste betroffene Organ ist das Geschlechtsorgan. Es stellt seine normale Funktion ein. Dann beobachtet man eine Atrophie der Lymphknoten und Magengeschwüre. Mediziner sprechen von einer unspezifischen Reaktion auf Streßfaktoren. Ratten sind keine Menschen, aber ihre Reaktionen sind den unseren sehr ähnlich. Diese Ähnlichkeit ist nicht weiter erstaunlich. Wenn wir einen Blick auf unsere westliche Gesellschaft werfen, so können wir feststellen, daß die meisten Menschen sexuelle Probleme haben und sehr viele an Magengeschwüren leiden.

Die wichtigsten Forschungen wurden durch Dr. Seyle aus Kanada und Prof. Laborit in Frankreich vorgenommen.

Zu starke Spannungen oder zu starker Druck können Distreß mit unterschiedlichen Symptomen auslösen, die man als funktionelle Krankheiten bezeichnet. Diese machen ungefähr 90 % aller Krankheiten in unserer Zivilisation aus. Medikamente wirken nur sehr kurzfristig und oberflächlich, sie lösen eine unspezifische Reaktion aus; Nebenwirkungen können stärker sein als der gewünschte therapeutische Effekt.

## Lachen als Heilmittel

Das Gegenteil von Distreß ist Eustreß. Ein bestimmtes Maß an Spannung (Streß) ist normal. „Distreß" ist das Ergebnis zu großer Spannungen oder von zu intensivem Streß. Entspannung fördert positive Situationen, Freude und Glücksgefühle: den Eustreß.

Lachen kann auch Eustreß auslösen. Dabei müssen wir leider feststellen, daß unsere Gesellschaft das Lachen verlernt hat. Die meisten Menschen sind traurig und ängstlich. Eustreß ist die beste Vorbeugung gegen funktionelle Störungen. Je mehr Sie lachen, desto besser ist es für Ihre Gesundheit. Ein sehr erfolgreiches Buch von Norman Cousins, „Anatomie einer Krankheit", beweist, daß es möglich ist, bestimmte Krankheiten durch Lachen zu heilen.

Ausgehend von dieser Beobachtung haben wir in der Sophrologie eine Technik entwickelt, die wir „Hilarotherapie", Therapie durch Lachen, nennen. Dabei handelt es sich um eine Gruppentherapie, wo Leute so viel lachen, daß die Tränen kommen, was zu einer weitgehenden Entspannung führt.

Beim Lachen verändert sich die chemische Zusammensetzung des Blutes in umgekehrter Richtung wie beim Streß. Versuchen Sie also, so viel wie möglich zu lachen. Das ist gut für die Gesundheit.

Wir sagen oft, daß zum Lächeln nur drei Muskeln notwendig sind. Um eine Grimasse zu ziehen oder finster zu blicken, brauchen wir sehr viel mehr Muskeln, und es ist viel anstrengender! Das Wichtigste ist das innere Lächeln. Ihre Stimmung hat einen wesentlichen Einfluß auf Ihre Gesundheit. Wenn Sie glücklich sind, steigt Ihre Widerstandskraft gegen Erkrankungen.

Manchmal ist es schwierig, glücklich zu sein und ständig zu lächeln. Und wissen Sie auch, warum? Weil die meisten Menschen das Glück in der

Außenwelt suchen, in ihren Beziehungen und über ihre Sinne. Die Freude aber existiert in Ihnen, unabhängig von der äußeren Situation. Wenn Sie dieses innere Gleichgewicht finden können, die Grundlage des Glücks, die nur in Ihnen selbst sein kann, dann wird sich Ihr Verhalten gegenüber der Umwelt und Ihren Problemen verändern. In den meisten Fällen sind Sie selbst die einzige Ursache Ihres Unglücks und Ihrer Schwierigkeiten. Wenn Sie sich zuerst ändern, erst dann wird sich alles andere verändern.

Ich möchte Ihnen nun zehn nützliche Regeln anbieten, um Streß zu reduzieren und Distreß zu vermeiden:

1) Betrachten Sie Ihre Probleme so, wie sie wirklich sind, und nicht so, wie Sie sie sehen wollen.

2) Leben Sie im Augenblick, da wo Sie sich gerade befinden, hier und jetzt.

3) Erkennen Sie, daß die Vergangenheit wirklich vergangen ist und daß wir nichts daran ändern können.

4) Ihr Glück hängt von der Liebe ab: Lieben Sie sich selbst und Ihre Mitmenschen.

5) Stellen Sie sich Ihre Zukunft immer positiv vor.

6) Achten Sie darauf, was Sie essen. Versuchen Sie, die Qualität Ihrer Ernährung zu verbessern.

7) Nehmen Sie nur Medikamente, wenn es unbedingt sein muß.

8) Versuchen Sie nicht, über Ihre Verhältnisse zu leben. Passen Sie Ihre Bedürfnisse der Realität an.

9) Lachen Sie laut! Je mehr, desto besser.

10) Seien Sie immer entspannt. Ihre körperliche Entspannung ermöglicht auch eine geistige Entspannung.

Und vergessen Sie nicht, daß Sie Ihre Probleme im entspannten Zustand besser in den Griff bekommen können. Dadurch ersparen Sie sich zusätzlichen Streß. Diese zehn goldenen Regeln können Ihnen helfen, „Distreß" zu vermeiden.

Es gibt jedoch noch einen anderen wichtigen Punkt, den Sie verstehen müssen: Sich selbst! Je besser Sie sich kennen, umso besser könen Sie die Anderen verstehen. Wir leben in einer Welt von psychologischen Projektionen. Wenn Sie zum Beispiel behaupten, daß Ihr Nachbar ein unverbesserlicher Idiot ist, dann kritisieren Sie in Wirklichkeit an ihm nur das, was Sie an sich selbst nicht leiden können. Andere zu kritisieren ist nichts anderes als Kritik an dem, was uns an uns selbst stört.

Wenn Sie sich selbst gut kennen, verändert das Ihre innere Einstellung dem Leben gegenüber. Anstatt Ihre Nachbarn zu kritisieren, werden Sie sie verstehen, oder sie so sein lassen können, wie sie sind, was für alle Beteiligten sehr viel angenehmer ist. Die Sophrologie lehrt verschiedene Wege, sich selbst besser kennenzulernen und die anderen besser zu verstehen. Denken Sie immer daran, daß es leicht ist, Andere zu kritisieren, sehr viel leichter als zu versuchen, sich selbst zu verstehen und seine eigenen Fehler zu sehen.

## Entspannungsreaktionen trainieren

Um aktue Streßsituationen zu vermeiden, gewöhnen Sie sich an, auf jede Aggression mit einer „Entspannungsreaktion" zu reagieren. Das gibt Ihnen die Kraft, alle Ihre Probleme in Angriff zu nehmen.

*Entspannen Sie die Muskeln Ihres Gesichts, die Schultern und die Brust. Entspannen Sie auch die Arme und atmen Sie langsam und tief durch den Bauch.*

Versuchen Sie, diese Übung immer dann zu machen, wenn Sie attakkiert werden. Sie werden staunen, wie sich Ihre Unsicherheit und Ihre Frustrationen in Luft auflösen.

Studenten können diese Technik der „Entspannungsreaktion" zu ihrem Vorteil bei Prüfungen oder einfach zwischen Vorlesungen anwenden. Das schärft die Aufmerksamkeit, verbessert das Gedächtnis und vertreibt die Müdigkeit.

Manager und andere leitende Angestellte, Männer und Frauen in stressenden Berufen, können neue Perspektiven in der Komplexität ihrer Probleme und Aufgaben entdecken, indem sie diese unmittelbar Entspannung sehr oft üben.

Auch für Hausfrauen führt diese einfache Übung zu einer Erneuerung der Energie, über die sich die ganze Familie freuen wird.

Eine regelmäßige Anwendung der körperlichen Entspannung als Reaktion auf jede Art von Anspannung erhöht die Effizienz bei der täglichen

Arbeit und ermöglicht bessere Lösungen für alle Probleme, seien es nun große Entscheidungen oder kleine Details des täglichen Lebens. Die Lösung wird sehr viel schneller klar.

Um sich gegen Aggressionen zur Wehr zu setzen und den Streß unter Kontrolle zubringen, genügt es also, folgendes zu tun:

*Sich entspannen, tief einatmen und beim Ausatmen das Gesicht entspannen, die Schultern fallen lassen und alle Muskeln im Körper loslassen. Anschließend normal, langsam und tief, durch den Bauch weiteratmen.*

Mit der Zeit wird diese Form des Atmens ein Reflex in Situationen, wo Verkrampfungen und Spannungen auftreten.

Anstatt sich bei jedem Ärger zu verkrampfen und dabei alle Muskeln zusammenzuziehen, ist es sehr viel einfacher, sich zu entspannen, indem man tief einatmet, um dann in entspanntem Zustand eine positive und effiziente Lösung zu suchen.

Die beste Möglichkeit, Streß zu kontrollieren, besteht darin, die Dinge so anzunehmen, wie sie sind: zuerst sich selbst, dann die Familie, die Arbeitskollegen und die anderen Menschen. Die Harmonie eines entspannten Körpers ist die beste Vorbeugung, um das ganze Leben lang gesund zu bleiben.

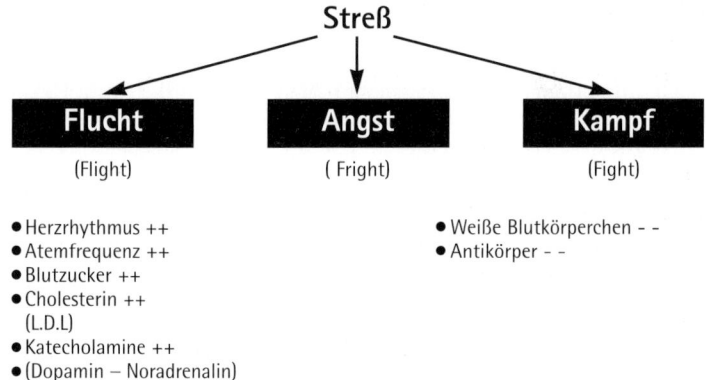

## Streß

| **Flucht** | **Angst** | **Kampf** |
|:---:|:---:|:---:|
| (Flight) | ( Fright) | (Fight) |

- Herzrhythmus ++
- Atemfrequenz ++
- Blutzucker ++
- Cholesterin ++
  (L.D.L)
- Katecholamine ++
- (Dopamin – Noradrenalin)

- Weiße Blutkörperchen - -
- Antikörper - -

# 5 Funktionelle Krankheiten

Die Sophrologie kann bei der Behandlung jener funktionellen Krankheiten erfolgreich helfen, die mit den verschiedenen Formen von Streß in Zusammenhang stehen. D. h. mit allen Formen von Aggression und Überstimulierung, seien sie nun psychischer, körperlicher oder auch chemischer Art.

Die funktionellen Krankheiten können in drei Gruppen eingeteilt werden: Neurosen – psychogene Störungen – psychosomatische Erkrankungen.

- NEUROSEN umfassen grob gesprochen Phobien, Zwangsvorstellungen, Angstzustände und Depressionen.

- PSYCHOGENE STÖRUNGEN sind zum Beispiel Schlaflosigkeit, Kopfschmerzen, Schmerzen im allgemeinen, die nicht auf organischen Schädigungen beruhen.

- PSYCHOSOMATISCHE ERKRANKUNGEN umfassen einen Großteil der Krankheiten, die nicht erwähnt worden sind, wie Asthma, Magengeschwüre, Verstopfung, dermatologische Probleme, Störungen der Leber- und Nierenfunktion usw., und insbesondere Krebs.

Sexuelle Störungen gehören gleichzeitig zu den Neurosen und zu den psychosomatischen Erkrankungen.

Bei allen funktionellen Störungen sind Sie sich selbst der beste Heiler. Ein gesundes Leben in einem gesunden Körper von der Geburt bis zum Tod, Verantwortung übernehmen für die eigene Lebensfreude und Nutzung der persönlichen Fähigkeiten, um gesund zu bleiben, Ihnen dabei zu helfen, ist das eigentliche Ziel der Sophrologie.

Wenn das Gleichgewicht gestört ist, der Streß nicht kontrolliert werden kann, lassen die Folgen nicht lange auf sich warten: Rauchen, Übergewicht, hoher Cholesterinspiegel, Funktionsstörungen der Schilddrüse usw. Diese Störungen können zu einer Erhöhung des Blutdruckes führen.

Bluthochdruck ist ein weitverbreitetes Phänomen und ist in erster Linie auf unseren Lebensstil zurückzuführen. In den USA zum Beispiel gibt

Wirkung der Sophrotherapie

Streß im Lauf des Lebens

Berufl. und gesell-schaftl. Probleme
Rauchen – Alkohol
Liebe
Studium
Familie
Schule
Geburt eines Bruders oder einer Schwester
Abstillen
Geburt
Schwangerschaft
Vererbung

Funktionelle Krankheiten

Wirkung von Medikamenten und chirurgischen Eingriffen

es zwischen 24 und 40 Millionen Menschen, die an Bluthochdruck leiden.

Mit Hilfe einiger Übungen, die in der Sophrologie gelehrt werden, ist es möglich, den Bluthochdruck beträchtlich zu senken und auf einem normalen Niveau zu halten.

Wenn Sie regelmäßig Entspannungsübungen machen, verlangsamt sich die Aktivität des sympathischen Nervensystems, der Herzrhythmus verlangsamt sich, und so kann sich der Blutdruck und der Atmungsrhythmus normalisieren. Es gibt wissenschaftliche Beweise, daß Menschen, die regelmäßig eine medizinische Entspannungstechnik anwenden, einen völlig normalen Blutdruck aufweisen. Während der Übungen stellt man einen schwächeren Sauerstoffverbrauch und ein Absinken des Energieverbrauches fest, der für die lebenswichtigen Funktionen des Organismus notwendig ist.

Darüber hinaus sinkt der Katecholaminspiegel im Blut, was zu einem Nachlassen der Angstgefühle führt.

Der Blutdruck sinkt in den ersten Minuten der Entspannung rasch ab, wodurch der Streß verschwindet. Um in der hektischen Welt von heute zu leben, ist es unerläßlich, trotz aller Probleme Ruhe zu bewahren. Die Sophrologie ermöglicht diese Gelassenheit.

### Kopfschmerz/Migräne

Der Kopfschmerz oder die Migräne sind wahrscheinlich die häufigsten funktionellen Krankheiten.

Vorsicht gilt bei der Wahl der Behandlungsmethoden. Zunächst einmal muß klargestellt werden, daß dem Schmerz keine körperliche Störung zugrundeliegt. Ein Enzephalogramm kann Sie in diesem Punkt beruhigen. Suchen Sie Ihren Zahnarzt auf, Kopfschmerzen stehen oft in Zusammenhang mit einer Fehlfunktion des Kauorgans. Wenn diese Ergebnisse negativ sind, rühren Ihre Kopfschmerzen von einer funktionellen Belastung her. Schmerzmittel bringen vorübergehend Linderung, aber keine endgültige Heilung. Wenn Sie z.B. ein Aspirin nehmen, dann nimmt der Schmerz zwar ab, aber gleichzeitig lösen die Bestandteile des Aspirin im Magen und im Dünndarm kleine Blutungen aus. Machen Sie sich klar, daß Sie selbst das beste Mittel zur Hei-

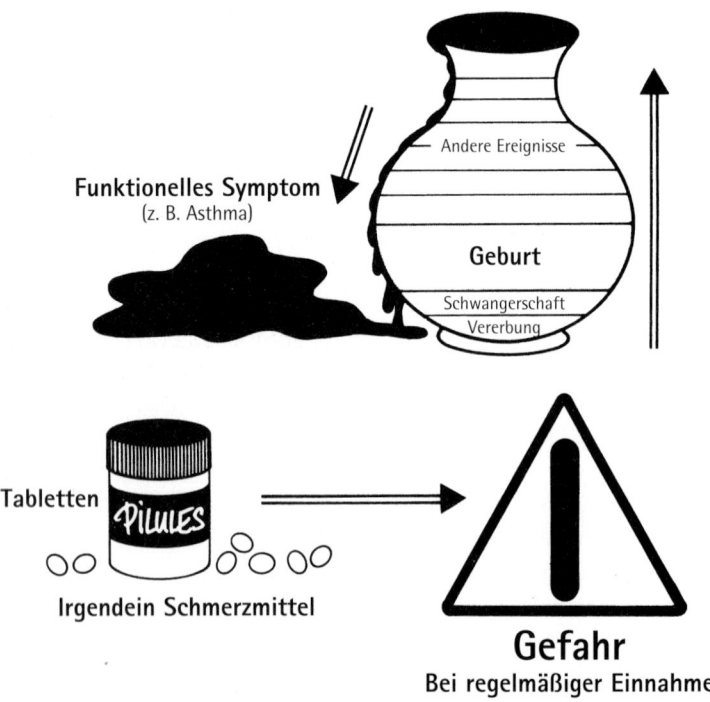

Funktionelles Symptom
(z. B. Asthma)

Andere Ereignisse

Geburt

Schwangerschaft
Vererbung

Tabletten
PILULES

Irgendein Schmerzmittel

**Gefahr**
**Bei regelmäßiger Einnahme**

lung dieser Art von Krankheiten sind. Die Ursache liegt sicher in Ihnen, und Sie können sie heilen, indem Sie die Ursache finden.

Wenn Sie sich die Mühe machen, die verschiedenen sophrologischen Techniken zu erlernen und anzuwenden, bekommen Sie die Kopfschmerzen in den Griff. Sie können die Blutzirkulation im Gehirn verbessern, und das ermöglicht Ihnen, vernünftig auf alle Probleme zu reagieren. In den meisten Fällen besteht ein direkter Zusammenhang zwischen Streß und Kopfschmerzen. Ergründen Sie die Ursache Ihrer Schmerzen.

Wenn Sie Kopfschmerzen haben, versuchen Sie folgende Übung:

### Übung gegen Kopfschmerzen I

*Legen Sie sich bequem hin, schließen Sie die Augen und entspannen Sie sich vollkommen, zuerst das Gesicht, das Kinn, den Nakken. Entspannen Sie dann die Muskeln der Schultern, der Arme, des Rückens, der Brust, des Bauches, und schließlich die Beine und Füße. Ihr ganzer Körper ist entspannt.*

*Stellen Sie sich vor, Sie liegen in einer vertrauten Landschaft, die Sie lieben. Über sich sehen Sie einen bedrohlich verfinsterten Himmel mit großen schwarzen Wolken. Diese Wolken sind eine symbolische Darstellung Ihrer Kopfschmerzen. Da kommt ein leichter Wind auf und verjagt langsam die Wolken. Sie sehen bald wieder den Himmel, der immer blauer wird. Nach und nach verschwinden die Wolken. Warten Sie einfach, bis alle Wolken verschwunden sind und Ihr Himmel wieder ganz blau ist. Während dieser Zeit zirkuliert das Blut leichter im Kopf und die Blutgefäße werden frei.*

*Jetzt können Sie die Zehen und die Hände bewegen und langsam die Muskeln des Gesichts aktivieren (indem Sie Grimassen schneiden). Atmen Sie tief durch, strecken Sie alle Glieder gründlich und öffnen Sie dann die Augen mit einem strahlenden Lächeln.*

Durch diese Entspannungsübung können Sie die Blutzirkulation im Gehirn regulieren.

Um Kopfschmerzen loszuwerden, kann man auch eine andere Methode anwenden, die aus der Dynamischen Entspannung II kommt.

### Übung gegen Kopfschmerzen II

*Setzen Sie sich bequem hin, schließen Sie die Augen, entspannen Sie die Muskeln des Gesichts und des Nackens. Lassen Sie die Schultern los und machen Sie sich bewußt, daß Ihr Körper sich in sitzender Stellung befindet. Jetzt entspannen Sie die Brust, den Bauch und die Beine. Lassen Sie Ihren Körper schwer werden. Die Hände liegen entspannt auf den Oberschenkeln.*

*Wenn Sie ganz entspannt sind, atmen Sie tief ein. Füllen Sie Bauch, Brust und Schultern, und halten Sie dann die Luft an. Mit angehaltenem Atem bewegen Sie den Kopf nach hinten. Sie fühlen ein Ziehen im Nacken. Sobald Sie müde sind, atmen Sie langsam aus und bringen dabei den Kopf langsam wieder in seine Ausgangslage. Machen Sie diese Übung gründlich,*
*dreimal den Kopf nach hinten und*
*dreimal den Kopf nach vorn, das Kinn liegt auf der Brust.*

*Am Ende der Übung bewegen Sie die Zehen und die Hände, strecken Sie den Körper gründlich, atmen Sie tief durch und öffnen Sie dann die Augen.*

Die folgenden Bewegungen werden bei dieser Übung gemacht:

a) Tief einatmen (Bauch – Brust – Schultern);
b) Luft anhalten (die Luft bleibt in der Lunge);
c) Neigen des Kopfes nach hinten und vorne;
d) Ausatmen mit Rückkehr des Kopfes in die natürliche Stellung – LANGSAM.

Wiederholen Sie diese Übung dreimal mit dem Kopf nach hinten und dreimal mit dem Kopf nach vorn.

Diese Entspannungstechnik wirkt ausgezeichnet gegen Kopfschmerzen. Das Füllen der Lunge mit Luft erhöht den Sauerstoffgehalt im Blut, und wenn Sie gleichzeitig den Kopf nach hinten oder nach vorn bewegen, üben Sie eine Spannung auf die Halsschlagader aus, was zu erhöhtem Blutandrang im Gehirn führt.

Ihr Gehirn benötigt sehr viel Sauerstoff. Wenn die Sauerstoffzufuhr nicht ausreichend ist, wehrt sich das Gehirn in Form von Kopfschmerzen. Das ist eine Art Warnsignal, das ankündigt, daß Sie dringend Sauerstoff tanken sollten. Daraus wird leicht verständlich, wie solche

Übungen dieses unangenehme und oft sehr schmerzhafte Symptom beseitigen können. Bei regelmäßiger Anwendung können Sie Kopfschmerzen vorbeugen, bevor sie überhaupt entstehen. Gleichzeitig erwecken Sie die in Ihnen schlummernden Fähigkeiten und können die Kapazität Ihres Gehirns besser nützen. Sauerstoff ist der beste Brennstoff für das gute Funktionieren der beiden Gehirnhälften.

## Magengeschwür

Wenn jemand zum Beispiel an einem Magengeschwür leidet, muß er versuchen, selbst die Ursache dieser Krankheit herauszufinden. Da Geschwüre immer psychische Ursachen haben, kann man sagen, daß sie direkt durch Streß entstehen. Die Entstehung dieser Krankheit im Gefühlbereich muß nicht mehr bewiesen werden. Drogen, Alkohol und Nikotin können die Entwicklung noch beschleunigen. Bestimmte Geschwüre müssen operativ behandelt werden, andere hingegen können sehr wohl mit effizienten Medikamenten behandelt werden. Diese operative oder medikamentöse Behandlung beseitigt zwar das Symptom, beeinflußt aber nie die tieferliegende Ursache. Die Ursache befindet sich im Bereich des „Kreuzes" oder des „Kreises" und entspricht einem psychischen Ungleichgewicht. Aus diesem Grund muß man ergänzend zu den herkömmlichen Behandlungsmethoden eine kausale Therapie empfehlen.

Wenn das Magengeschwür nicht zu groß ist, kann man mit der Sophrologie seine Entwicklung aufhalten und es heilen, ohne daß ein anderes Symptom entsteht.

Wenn Sie ein Magengeschwür haben, denken Sie gründlich nach und versuchen Sie herauszubekommen, welche vergangenen oder gegenwärtigen Probleme mit dem Geschwür zusammenhängen könnten. Es ist auch sehr wichtig, daß Sie lernen, sich in allen Situationen zu entspannen, um Ihre Alltagsprobleme gelassen in den Griff zu bekommen. Darüber hinaus müssen Sie versuchen, eine persönliche Entwicklung durchzumachen, indem Sie Ihre Gewohnheiten und Ihren Lebensstil verändern. Es liegt in Ihrer Macht, die Streßfaktoren einzuschränken, auch Alkohol und Nikotin, sind bedeutende Streßfaktoren.

Um Ihre Abwehrkräfte direkt am Magengeschwür zu mobilisieren, können Sie die folgende Übung machen:

## Übung bei Magengeschwür

*Legen Sie sich hin und entspannen Sie sich mit der üblichen Methode. Konzentrieren Sie sich auf die Atmung, die langsam und tief sein sollte (Bauchatmung).*

*Versuchen Sie, sich Ihren Magen und das Geschwür vorzustellen. Betrachten Sie es ganz bewußt. Versuchen Sie dann, sich vorzustellen, wie Ihr Bauch warm wird, besonders der Magen, so als hätten Sie eine kleine Sonne in der Magengrube. Während die Wärme zunimmt, kommt mehr Blut in den Bereich des Geschwüres. Die weißen Blutkörperchen sammeln sich massiv und beschleunigen die Vernarbung. Sehen Sie, wie die Magenschleimhaut sich regeneriert, wie das Geschwür heilt.*

*Wenn die Bauchwände ganz erwärmt sind, kehren Sie ganz langsam wie gewohnt aus der Entspannung zurück. Vergessen Sie nicht, sich so gründlich wie möglich zu strecken und tief durchzuatmen, bevor Sie die Augen öffnen.*

Wenn Sie diese Übung täglich zehn Minuten lang machen, beschleunigen Sie die Heilung.

### Haut und Ekzeme

Hautkrankheiten wie Ekzeme, Schuppenflechte oder Allergien weisen auch einen direkten Zusammenhang mit Emotionen auf. Die Haut, das Zentralnervensystem und die peripheren Nerven sind ektodermalen Ursprungs. Haut und Gehirn sprechen in gewisser Hinsicht die gleiche Sprache, und die Beziehung zwischen Emotionen und Hautkrankheiten steht außer Zweifel. Es ist also unerläßlich, die Bedeutung des Symptomes herauszufinden. Warum, wie und nach welchem Ereignis ist die Krankheit aufgetreten? Man muß die Verbindung entdecken, die zwischen einer Allergie und einer in der Vergangenheit erlebten Streßsituation bestehen kann.

– Wann genau ist das Symptom zum ersten Mal aufgetreten?

– Haben Sie knapp davor eine sehr starke Gefühlsregung verspürt, Liebeskummer, Trauer über den Tod eines geliebten Menschen?

– Oder hat es in Ihrer beruflichen Tätigkeit eine Veränderung gegeben?

In der Antwort auf diese Fragen liegt vielleicht die Beziehung zwischen streßauslösenden Emotionen in der Vergangenheit und der aktuellen Krankheit.

Denken Sie gründlich nach, lassen Sie sich Zeit, um die tieferliegende Ursache Ihres Symptoms zu entdecken. Bei allen funktionellen Krankheiten ist die Vorgehensweise die gleiche:

### *Übung bei Hautkrankheit*

*Schließen Sie die Augen und entspannen Sie sich ganz tief im Sitzen oder im Liegen, wie am Anfang jeder Übung. Vom Kopf bis zu den Füßen, ohne das Gehirn zu vergessen. Versuchen Sie dann, auf Ihrem mentalen Bildschirm irgendeine Farbe zu sehen. Betrachten Sie diese Farbe und denken Sie dabei an Ihre Krankheit, sehen Sie die betroffenen Hautstellen vor sich. Sie wollen verstehen und herausfinden, welche emotionale Situation die Ursache dafür sein könnte. Automatisch entsteht ein Bild auf Ihrem mentalen Bildschirm, und wahrscheinlich besteht ein Zusammenhang zwischen dem, was Sie sehen und Ihrem Problem.*

*Meditieren Sie über das Bild, das auftaucht. Sehen Sie, was daran positiv sein könnte. Es gibt auch in schmerzlichen, traumatischen Erfahrungen etwas Positives. Konzentrieren Sie sich, erzwingen Sie das Bild nicht, es sollte spontan erscheinen.*

*Wenn Sie sich das Bild gut vorgestellt haben bewegen Sie langsam die Zehen und die Hände, strecken Sie den ganzen Körper und öffnen Sie die Augen.*

Wenn Sie beim ersten Mal während der Übung kein Bild wahrnehmen, lassen Sie sich nicht entmutigen und erzwingen Sie nichts. Kehren Sie einfach aus dem sophronischen Zustand zurück und versuchen Sie es immer wieder. Mit etwas Übung kommt das Bild dann ganz von selbst. Diese Methode funktioniert bei allen funktionellen Störungen, man könnte sie als „persönliche Kausaltherapie" bezeichnen".

## Generelle Stuktur Ihrer Psyche:

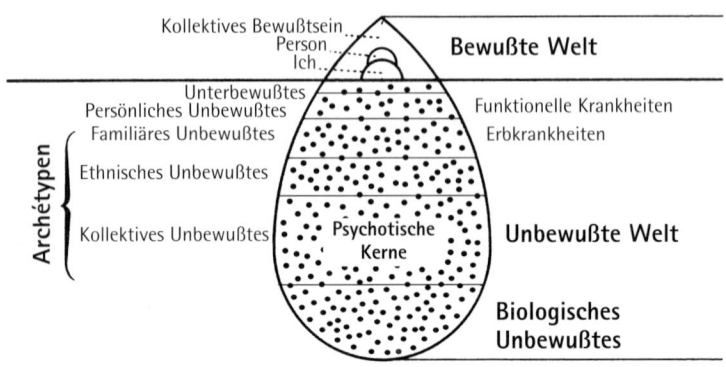

### Normale Situation

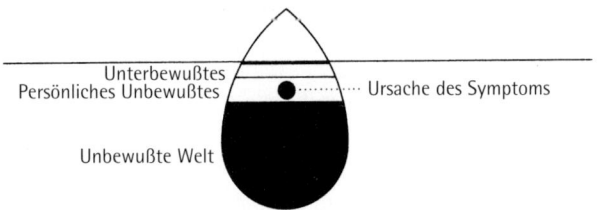

### Situation im Sophronischen Zustand

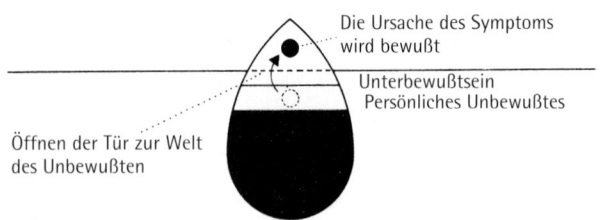

# 6 Die Ernährung

„Sag mir, was du ißt, und ich sage dir, wer du bist!"

Das Praktizieren der Sophrologie wäre unvollständig ohne eine gesunde und ausgewogene Ernährung. Nahrung, Luft und Licht sind die Grundlagen des Lebens.

Wenn man sich seines Körpers und seiner Gesundheit bewußt wird, begreift man auch, wie wichtig die Qualität und die Menge der Lebensmittel ist, die wir zu uns nehmen. Alle Zellen regenerieren sich durch die aufgenommene Nahrung, und wenn diese Nahrung negative Eigenschaften hat, beeinflußt dies die Zellen, also das Leben.

Wir sollten viel mehr darauf achten, was wir mit der Nahrung in unseren Körper aufnehmen. Beginnen Sie, die Etiketten auf den Produkten zu lesen, meiden Sie Konserven und Produkte, die Konservierungsmittel, Farbstoffe und künstliche Aromen enthalten. Alle diese Zusätze können eine Streßreaktion auslösen und die Abwehrkräfte des Körpers verringern.

Eine neue, bewußtere Ernährung bedeutet ein neues, bewußteres Leben. Sorgfältig ausgewählte, richtig dosierte natürliche Nahrungsmittel sind die erste Voraussetzung für eine Verbesserung der Lebensqualität. Dies gilt besonders für schwangere Frauen die „giftige" Produkte meiden müssen, damit das Kind nicht schon bei der Geburt krank ist oder gesundheitliche Störungen aufweist. Während der ganzen Schwangerschaft wird besonders ausgewogene Ernährung empfohlen.

Jeder Arzt sollte sich mit der Ernährung seines Patienten auseinandersetzen, bevor er ihm ein Medikament verschreibt, Notfälle ausgenommen. In vielen Fällen kann man die Gesundheit einfach durch Umstellung der Ernährung verbessern.

Man könnte den Körper mit einem sehr komplizierten Motor vergleichen. Wenn Sie Ihrem Motor schlechten Treibstoff geben, sinkt die Leistung, wenn er überhaupt noch funktioniert, nützt sich schneller ab und muß (früher) repariert werden. Das gleiche gilt für Ihren Körper. Dieser verfügt über eine Anpassungsfähigkeit, die dem Motor fehlt, aber dennoch wird er langfristig überlastet, kann nicht mehr normal funktionieren, und Sie werden krank.

Wie soll man sich denn ernähren? Dies ist gar nicht einfach. Ein ganzes Buch wäre notwendig, um alles zu erklären.

Heute kann man keine Zeitung mehr aufschlagen, ohne auf eine neue Diät zu stoßen. Es gibt auch eine Fülle von sogenannten „Diätbüchern", von denen viele Fehlinformationen verbreiten. Fast jeden Monat kommt eine neue „revolutionäre" Diät auf den Markt. Um nur einige Beispiele anzuführen, erwähnen wir hier die Ernährungsrevolution von Atkins, die kalifornische Diät, die Mayo-Diät, die New York Diät, die Scarsdale- und die Pritikin-Diät, usw. Manche von ihnen sind annehmbar, andere wiederum geradezu gefährlich oder gar lebensbedrohend, (wie zum Beispiel die Atkins-Diät). Das ist keine Übertreibung: Eine Ernährung ohne Kohlenhydrate ist antibiologisch. Der Körper braucht Kohlenhydrate. Wenn er sie über die Ernährung nicht bekommt, verwendet er Fett, um Kohlenhydrate zu produzieren. Diese Umwandlung von Fetten in Kohlenhydrate führt zu einer Erhöhung der L.D.L. (Low Density Lipoproteins), das sind die gefährlichen Bestandteile des Cholesterins, die sich an den Wänden der Arterien ablagern. Das Ergebnis: rasch fortschreitende Arteriosklerose, vorzeitige Herzinfarkte, Apoplexin, Gehirnblutungen usw. Natürlich verliert man Gewicht mit dieser Methode ... und das Leben! Ein empfehlenswertes Buch wurde von Dr. Kusmin geschrieben. Es heißt „Fühlen Sie sich wohl in Ihrer Haut mit 80 und darüber", und ist im Tchou-Verlag erschienen. Die wissenschaftliche Grundlage ist es wert, und die empfohlene Ernährung sollte befolgt werden, nicht um abzunehmen, sondern für ein ausgewogenes Leben.

Wenn von Ernährung oder Diät die Rede ist, stellt man erstaunt fest, daß es dabei immer um Abnehmen, um Kalorien geht. Das hat mit der eigentlichen Diätetik, die sich mit der Qualität der Ernährung, dem Gleichgewicht von Fetten, Eiweiß und Kohlenhydraten befaßt, nichts zu tun.

Um wirklich von Diätetik zu sprechen, muß man den Menschen auf allen drei Ebenen sehen: physisch – psychisch – spirituell, also das Viereck, das Kreuz und den Kreis.

Der Kalorienbedarf schwankt je nach Körpergröße, Typ und Tätigkeit. Wenn Sie eine sitzende Tätigkeit ausüben, brauchen Sie sehr viel weniger Kalorien als ein Bauarbeiter, der körperlich bei der Arbeit stark beansprucht wird. Andererseits kommt es auch auf den Stoffwechsel an. Ein Marathonläufer braucht viel mehr Energie als ein Skirennläufer beim Abfahrtslauf. Es gibt keine starren Regeln und Gesetze, wie dies manchmal behauptet wird.

Was die Basisprodukte anlangt, also Eiweiß, Kohlenhydrate und Fett, so kann man sagen, da wir im Westen ein gestörtes Gleichgewicht haben, denn wir nehmen im Durchschnitt 15 bis 20 % Eiweiß, 40 bis 45 % Kohlenhydrate und 40 bis 45 % Fett auf, was zwangsläufig zu Kreislauferkrankungen führt. Forschungen in diesem Bereich haben ergeben, daß wir zur Vorbeugung gegen Kreislauferkrankungen, welche die häufigste Todesursache in der westlichen Welt darstellen, uns ganz anders ernähren müßten: 10 bis 15 % Eiweiß, 80 % Kohlenhydrate ohne Monosaccharide, also ohne raffinierten Zucker, nur Polysaccharide (also Fruchtzucker, Körner usw.) und 5 bis 10 % Fette.

Lebensmittelzusätze wie Vitamine und Spurenelemente sind völlig überflüssig, wenn man sich mit frischem und vor allem wenig oder gar nicht gekochtem Obst und Gemüse (wenn möglich unbehandelt) vernünftig ernährt. Wir leben im Zeitalter der Vitamin-Manie, besonders in den USA, wo jeder mit seinem Tabelettenschächtelchen herumläuft und eine absurde und unkontrollierte Menge dieser Produkte zu sich nimmt. Die Nahrung ist so minderwertig und so künstlich geworden, daß in den gängigen Lebensmitteln fast keine Vitamine mehr enthalten sind.

Nach Bordeaux kann man die Nahrungsmittel in vier Kategorien einteilen:

1) Biogene Nahrungsmittel
Sie schaffen Leben und enthalten alles, was wir brauchen, um gesund zu bleiben. Dazu gehören Samen und Körner, Getreide und gekeimte stärkehaltige Produkte, sowie junge Salat- und Gemüsesprossen;

2) Bioaktive Nahrungsmittel
Sie aktivieren und stimulieren das Leben. Dazu gehören ungekeimte Samen, Obst, Salat und frisches Gemüse, also frisch gepflückte Produkte, die nicht längere Zeit in Kisten und auf Regalen gelegen sind;

3) Biostatische Nahrungsmittel
Sie erhalten das Leben und lassen keine normale biologische Entwicklung zu. Dazu gehören tiefgeforene Nahrungsmittel, konservierte rohe Nahrungsmittel und gekochte und zubereitete Nahrungsmittel. Diese und die nächste Kategorie stellen den Großteil der Lebensmittel dar,

die in unserer Gesellschaft konsumiert werden. Es ist also gar nicht erstaunlich, daß so viele Menschen krank sind.

4) Biozide Nahrungsmittel
Sie zerstören das Leben. Dazu gehören alle raffinierten Produkte, alle Konserven und Nahrungsmittelzusätze, Dünger, Farbstoffe, Aromen, Stabilisatoren, Konservierungsmittel, Geschmacksverstärker sowie homogenisierte und pasteurisierte Produkte.

Um sich gesund und ausgewogen zu ernähren, sollte man versuchen, möglichst viele biogene und bioaktive Nahrungsmittel zu essen. Eine ausgewogene Ernährung würde den ständigen Griff nach Medikamenten meist erübrigen.


## Die Instinkttherapie

Mit der Instinkttherapie wird der durch die unnatürliche Ernährung vernichtete Instinkt zum Leben wiedererweckt. Der Instinkt ist Ausgangspunkt jeder Mahlzeit. Auf einem Tisch befindet sich eine reiche Auswahl von biologischen Nahrungsmitteln in ihrer ursprünglichen Form. Man sucht sich eine Frucht oder ein Gemüse aus, riecht daran, kostet es vielleicht, und der Instinkt sagt einem, ob der Körper es zu diesem Zeitpunkt braucht. Wenn der Appetit befriedigt ist, wählt man ein anderes Nahrungsmittel, und so fort. So stopft man den Körper nicht mit schädlichen Produkten voll, sondern kann ihm genau das zukommen lassen, was ihm guttut. Das ist unter allen möglichen Ernährungsformen eine Revolution für die Behandlung und Vorbeugung von Krebs, und natürlich auch für eine gesunde und ausgeglichene Lebensweise.

Wenn Sie die Instinkttherapie machen wollen, muß Ihnen auch klar sein, daß eine Ausgewogenheit zwischen Eiweiß, Kohlenhydraten und Fett notwendig ist. Nichts darf zubereitet sein, die Nahrungsmittel dürfen nicht vermischt oder gekocht werden, alles wird im Rohzustand verspeist. Es wird empfohlen, Fleisch durch Mandeln, Walnüsse, Haselnüsse und verschiedene Körner zu ersetzen, die sehr proteinhaltig sind.

### *Übung zur Instinkttherapie*

*Breiten Sie auf Ihrem Tisch eine appetitliche Auswahl an Gemüse, Obst und völlig frischen Eiern aus, dazu Honig, verschiedene Körner und Getreide, eventuell unbehandelten Fisch und Fleisch, das nicht tiefgekühlt war.*

*Setzen Sie sich, wenn möglich, im Kreise Ihrer Familie zusammen und genießen Sie friedlich diese Nahrung, die uns die Natur so großzügig zukommen läßt. Betrachten Sie die Farben der einzelnen Produkte und nehmen Sie die verschiedenen Gerüche wahr.*

*Vertrauen Sie Ihrem Instinkt und wählen Sie ohne Hast ein Produkt, auf das Sie Lust haben. Riechen Sie daran, und wenn es Ihnen angenehm erscheint, essen Sie es in aller Ruhe, bis sich der Geschmack verändert, weniger anregend ist und Ihnen anzeigt, daß Sie davon genug haben.*

*Versuchen Sie dann ein anderes Nahrungsmittel und essen Sie es langsam und genüßlich, und so weiter, bis Sie satt sind.*

So läuft jede Mahlzeit ab, schweigend, aber in guter Stimmung.

Am Anfang ist das ziemlich schwierig, denn wir müssen eine Reihe von schlechten Gewohnheiten ablegen, dem Essen viel mehr Zeit einräumen und nicht mehr wahllos einkaufen. Es ist unmöglich geworden, im Restaurant zu essen, und auch das gesellschaftliche Leben leidet darunter: es ist schwierig, diese Art zu essen, allen Freunden und Bekannten aufzuzwingen. Darüber hinaus bekommen Sie vielleicht einige Verdauungsprobleme, und Durchfall ist in der Anfangsphase keine Seltenheit, aber das dauert nie sehr lange. Wenn Sie ein wenig abnehmen, so deshalb, weil Sie eine bestimmte Menge an seit langem im Organismus eingelagertem Fett ausscheiden. Vor allem aber werden Sie sich bald sehr viel wohler fühlen und körperlich sehr fit sein.

Man kann leicht verstehen, daß auch Krebszellen mit Hilfe dieser Diät keine Chance mehr haben und die Immunabwehr täglich stärker wird.

Kinder sind auch in der Lage, so zu essen, denn ihr intakter Instinkt sagt ihnen ganz klar, was für sie gut ist. Versuchen Sie doch einfach diese Ernährungsform für eine bestimmte Zeit, vielleicht sogar für immer.

## Der Essensvorgang

Wenn man sich möglichst weitgehend mit rohen Nahrungsmitteln ernährt, werden Zusatz- und Konservierungsstoffe überflüssig. Neben der schweigenden, entspannten Nahrungseinnahme ist es auf der physischen Ebene wichtig, die Nahrungsmittel gut zu kauen. Wenn die Kohlenhydrate im Mund nicht gut eingespeichelt werden (Ptyalin), können sie nicht verdaut werden. Zwischen zwei Bissen sollten Sie einmal tief durchatmen (psychische Stimulierung) und gleichzeitig die Nahrung spiritualisieren, indem Sie sich ihren Ursprung vorstellen. Welche Kräfte sind an ihrer Entstehung beteiligt? Wie sind die Nahrungsmittel auf unsere Teller gekommen und welche Arbeit steckt dahinter? Wenn wir so essen, essen wir weniger und können die Nahrungsmittel besser verwerten. Alle Meister, die ich im Laufe meiner Reisen kennengelernt habe, aßen so. Es ist einen Versuch wert, um zu begreifen, wie wichtig diese Dinge sind, auch wenn sie dem Leser, der daran gewöhnt ist, im Lärm und bei überflüssigen Gesprächen sein Essen hinunterzuschlingen, etwas verrückt erscheinen.

## Licht

Im Bereich des Kreuzes (die psychische Welt) befinden wir uns in der erlebten Welt der Symbole und der vier lebensnotwendigen Elemente: Feuer – Luft – Wasser – Erde.

Feuer bedeutet Licht, und Licht ist Nahrung. Über die Augen bestimmen die Lichtwellen den Hormonstoffwechsel mit, durch die Stimulation der Zirbeldrüse (Epiphyse) und der Hypophyse. Durch diese relativ neue Entdeckung konnte man eine Reihe von hormonellen Störungen bei Brillen- und Kontaktlinsenträgern feststellen. Diese sollten unbedingt jeden Tag dem Licht erlauben, einige Augenblicke lang direkt – ohne Brille oder Linsen – durch die Augen einzudringen. In diesem Zusammenhang sind Sonnenbrillen, die manche Menschen ständig tragen, nicht gut, außer bei entsprechender Sonneneinstrahlung im Gebirge oder am Meer. Unsere Augen sind von Mutter Natur dazu geschaffen worden, sich an verschiedene Lichtverhältnisse anzupassen.

Wir wissen heute, daß die verschiedenen Bestandteile des weißen Lichtes, also die sieben Farben des Regenbogens, über das endokrine

System einen spezifischen Einfluß auf bestimmte Organe ausüben können. So stimuliert Grün zum Beispiel das Verdauungssystem, insbesondere die Leber. Rot aktiviert das sympathische Nervensystem und Blau beruhigt es, Orange wirkt auf die Milz, usw. Diese Entdeckungen führten zur Entwicklung der „syntonic therapy" oder Farbentherapie, die in den USA sehr verbreitet ist und erstaunliche therapeutische Erfolge möglich macht.

## Luft

Luft ist lebensnotwendig, deswegen ist die Atmung so wichtig. Sauerstoff ist lebensnotwendig: unser Gehirn verbraucht ganz allein schon 30 % des eingeatmeten Sauerstoffs, er ist unsere wichtigste Nahrung. Das erklärt auch, warum wir in der Sophrologie schon in den ersten Kursen soviel Wert auf die Atmung legen. Der westliche Mensch atmet normalerweise gerade genug, um seine Körperfunktion aufrechtzuerhalten, aber nicht genug, um ganz gesund zu sein. Zusätzlich zum Sauerstoff enthält die Luft ein aktives Lebensprinzip, das Prana, Tschi oder Ki. Es ist die Lebensenergie, die über die Nase in den Körper eindringt. Ohne dieses nährende energetische Prinzip gibt es kein Leben, darum ist die Nasenatmung so wichtig.

## Wasser

Unser Körper besteht zu mehr als 75 % aus Wasser. Trinken Sie möglichst viel Wasser, ungefähr drei Liter täglich, zwischen den Mahlzeiten. Das Wasser muß eine gute Qualität aufweisen, wenn möglich leicht sauer sein und einen hohen spezifischen Widerstand aufweisen. Das heißt, es darf nicht zu stark mineralisiert sein und muß sehr rein sein. Die meisten Mineralwasser sind alkalisch und oxydiert, also für den menschlichen Organismus giftig. Leider kann ich hier nicht ins Detail gehen, ein eigenes Buch wäre notwendig, um die Grundlagen dieser Behauptungen zu erklären. Auf jeden Fall haben die gebräuchlichsten Getränke, wie Kaffee, Tee, Soft Drinks (zuckerhaltige Getränke) und Alkohol, im menschlichen Körper nichts zu suchen und sollten vollständig gestrichen werden.

## Erde

Das vierte Element ist die Erde. Ihr gehören alle Lebensmittel, die wir weiter oben erwähnt haben und die sorgfältig ausgewählt werden müssen.

Zur Ernährung im Bereich des Kreises, also im spirituellen Bereich kann noch einiges gesagt werden. Es geht nun nicht mehr um Kalorien oder Mengen, sondern um essentielle Eigenschaften. Wir befinden uns auf der Ebene der göttlichen Symbolik. Im TAO beruht alles auf den Gesetzen der fünf Elemente: Holz – Feuer – Erde – Metall – Wasser. Auf dieser Ebene wird die Ernährung dem jeweiligen Energieungleichgewicht des Menschen und den Bedürfnissen der Jahreszeit angepaßt. Es gibt keine allgemeinen Gesetze mehr, sondern nur noch individuelle Regeln, die von einem Arzt formuliert werden können, der speziell in traditioneller chinesischer Medizin ausgebildet ist.

## Richtig essen lernen

Bei der Behandlung von Übergewicht und mentaler Anorexie ist die Sophrotherapie sehr wirksam. Anstatt sich einfach darauf zu beschränken, die Kalorienmenge zu reduzieren oder zu überwachen, stellt sie dem Therapeuten Mittel zur Verfügung, mit denen er die Ursache(n) dieser Krankheiten verstehen, finden und integrieren kann. Darüber hinaus wird es mit der progressiven Sophro-Akzeptation möglich, auf eine bestimmte Art „ein neues Ernährungsprogramm im Gehirn zu installieren", das auf der subliminalen Ebene akzeptiert wird und im voraus – antizipierend – die Form unseres zukünftigen Körpers zu erleben.

Krankheiten wie Anorexie und Bulimie, die sehr nahe beieinanderliegen, sind sehr schwer zu behandeln. Durch die Sophro-Anamnese kann man nach und nach die unbewußten Inhalte solcher krankhaften Prozesse freilegen und den Patienten neu motivieren, zu essen oder seine Nahrungszufuhr zu drosseln.

Jeder Fall muß individuell betrachtet werden, und es gibt keine allgemeingültigen Regeln. Die Behandlungen von Übergewicht, die überall auf der Welt in Spezialzentren oder Kliniken angeboten werden, haben oft deshalb keine dauerhafte Wirkung, weil sie ausschließlich auf der materiellen Ebene, auf dem Viereck, d.h. Kalorienmenge, beruhen. Jeder übergewichtige Patient braucht eine Wiederherstellung des Gleichgewichts seiner gesamten Individualität. Die Diät allein erreicht nur kurzfristige spektakuläre Erfolge. Die Sophrotherapie in Verbindung mit einer Ernährungsumstellung bringt endgültige Ergebnisse ohne Rückfälle.

# 7 Übergewicht

Gehören Sie zu den Menschen, die Gewichtsprobleme haben? Wenn ja, so möchten Sie wahrscheinlich dieses Übergewicht loswerden und haben auch schon verschiedene Abmagerungskuren ausprobiert: Atkins, Scarsdale, Mayo, und wie sie alle heißen, und auch die ausgeklügelten Berechnungen der täglich erlaubten Kalorien. Vielleicht haben Sie auch schon ein wenig abgenommen, aber gleich nach dem Ende der Diät haben Sie sehr schnell die mühsam heruntergehungerten Pfunde wieder zugenommen, und manchmal noch ein paar dazu. Daraus ergibt sich, daß eine Diät allein nie wirksam Übergewicht bekämpfen kann.

Um abzunehmen, muß man zunächst der Ursache des Übergewichtes auf die Spur kommen und herausfinden, ob sie psychischer oder physischer Natur ist. Sehr oft sind die beiden Ebenen eng miteinander verbunden. Die physischen Ursachen können z.B. sein: zu reichhaltige oder zu kalorienreiche Ernährung, hormonelles Ungleichgewicht, Verdauungsstörungen oder Niereninsuffizienz. Das Verstehen der Ursache von Übergewicht ist ein wesentlicher Schritt, zunächst muß man es einmal akzeptieren. Die psychologischen Gründe sind vielleicht wichtiger als die physischen, und durch eine Diät allein wird man nie dauerhafte Erfolge erzielen. Viele dicke Menschen litten und leiden an einem Mangel an Liebe. Ihr Dicksein kann auch eine Selbstbestrafung oder eine Verweigerung der Sinnlichkeit sein. Alle diese Ursachen sind unbewußt. Aus diesem Grund ist es so schwierig, Übergewicht wirksam zu bekämpfen.

Durch eine sophrologische Anamnese, also das Erkunden Ihrer Lebensgeschichte, kann ein erfahrener Therapeut die Hauptursache Ihres Übergewichtes finden und Sie entsprechend behandeln.

Nach diesem Schritt können Sie sogar nur mit Ernährungsumstellung Ihr Übergewicht loswerden und ein neues körperliches und seelisches Gleichgewicht finden.

Um abzunehmen, muß man natürlich auf die Mengen achten, aber das ist nicht genug. Einige Menschen entschließen sich dazu, in einer Spezialklinik zwei bis drei Wochen lang total zu fasten. Sie sind überzeugt davon, daß dies der einzige Weg zum Gewichtsverlust ist. Natürlich verlieren sie im Laufe mehrerer Wochen Null-Diät ungefähr zehn Kilo oder auch mehr, aber in den darauffolgenden Monaten legen sie diese verlorenen Pfunde wieder zu und haben am Ende ein höheres Gewicht als vor ihrer Diät. Fasten ist ein ausgezeichneter Weg, um den Körper von Schlacken und Giftstoffen zu befreien, die er im Laufe der Zeit angesammelt hat. Wenn die seelische und geistige Reinigung nicht mit vollzogen wird, kann das Normalgewicht nicht erhalten bleiben.

In einigen Fällen kann sich eine Diät als notwendig erweisen, aber nie als einzige Maßnahme. Nehmen Sie nie eine Diät auf die leichte Schulter, es ist eine ernsthafte Angelegenheit, und Ihre Gesundheit steht auf dem Spiel. Wenn Sie eine Diät machen müssen, tun Sie dies nur unter ärztlicher Aufsicht.

Die Instinkttherapie führt zwangsläufig zu einem Gewichtsverlust, und damit können Sie in zwei Monaten mehr abnehmen als mit jeder anderen Diät. Dabei handelt es sich nicht einmal um eine Abmagerungskur. Rohe Nahrungsmittel zu essen ist ausgezeichnet, aber um abzunehmen, darf man während der Mahlzeiten nichts mehr trinken, also Getränke und Nahrungsmittel nicht vermischen. Natürlich dürfen Sie Flüssigkeiten nicht streichen. Man muß sogar sehr viel trinken, am besten zwei bis drei Liter Wasser pro Tag, aber nur ZWISCHEN den Mahlzeiten.

Die psychologische Motivation ist für die Gewichtsabnahme unerläßlich. Lassen Sie zunächst Ihre Nieren, Ihren Verdauungstrakt und Ihr Hormonsystem untersuchen. Wenn alle diese Funktionen normal sind, können Sie sicher sein, daß Ihr Übergewicht psychische Ursachen hat. Sie können also mentale Techniken erlernen, die Ihnen helfen, sich die Ursache bewußt zu machen. In Verbindung mit einer ausgewogenen Ernährung können Sie dann abnehmen und anschließend Ihr neues Gewicht halten.

Die Sophrologie kann Ihnen dabei helfen, Ihre neuen Erkenntnisse, Verhaltensweisen, kurz Ihr „neues Programm" zu speichern und jederzeit abrufbereit zu machen.

## Sauerstoffzufuhr durch Atmung

Sauerstoff verbrennt Fett. Wenn man regelmäßig Atemübungen macht, kann mehr Sauerstoff ins Blut gelangen, und umso leichter kann man abnehmen. (Die Atemübungen in Kapitel 1 sind dabei sehr nützlich). Zusätzlich zu einer ausreichenden Sauerstoffzufuhr ist es notwendig, Fitneßtraining oder Sport zu betreiben. Massagen verbessern auch die Blutzirkulation und helfen, das überschüssige Fett abzubauen.

Verstopfung tritt meist in Verbindung mit Übergewicht auf. Normalerweise sollte man nach jeder Mahlzeit Stuhlgang haben, das ist jedoch in unserer modernen Zivilisation nur sehr selten der Fall, und die meisten Menschen leiden häufig an Verstopfung. Um die Verstopfung zu bekämpfen, ist es unerläßlich, ausschließlich durch den Bauch zu atmen. (Siehe Atemübung gegen Verstopfung im Kapitel „Atmung"). Man kann auch mehrere Male täglich die beschleunigte Bauchatmung anwenden. Es ist auch nützlich, jeden Morgen auf nüchternen Magen einen Feigen- oder Zwetschgensaft zu trinken. Es gibt eine sehr wirksame tropische Frucht, die Kassie. Sie sieht aus wie eine große braune Bohne und hat eine dicke Schale, die man mit dem Nußknacker öffnet, um dann die kleinen Zwischenwände auszusaugen. Wenn Sie diese Frucht bekommen können, essen Sie sie regelmäßig.

Nehmen Sie keine Medikamente gegen Verstopfung, sie sind alle gesundheitsschädlich. Bauchatmung in Verbindung mit verschiedenen Übungen und eine ausgewogene Ernährung genügen, um die Verstopfung ohne chemische Hilfsmittel zu bekämpfen.

Man kann der Verstopfung auch mental zu Leibe rücken.

### *Mentale Übung gegen Verstopfung*

*Sie liegen auf Ihrem Bett und atmen einmal ein und aus. Atmen Sie dann langsam und tief ein und lassen Sie die Luft entweichen, zunächst aus dem Schulterbereich, dann aus dem Brustkorb und schließlich aus dem Bauch. Wenn die Lunge ganz leer ist, umfassen Sie die Knöchel mit den Händen und heben den Körper. Nur die Füße, die Schultern und der Kopf sind noch mit dem Bett in Berührung.*

*Bewegen Sie nun, immer noch ohne zu atmen, den Bauch (einzie-
hen – herausstrecken – usw.) bis Sie müde sind. Ruhen Sie sich aus
und entspannen Sie sich. Wiederholen Sie die Übung dreimal.*

*Schließen Sie dann die Augen und entspannen Sie sich so tief wie
möglich. Stellen Sie sich vor, daß Sie auf dem WC sitzen und Ihren
Darm vollständig entleeren können. Sie haben keinerlei Verdauungsprobleme und scheiden dabei alle Giftstoffe im Körper aus.
Stellen Sie sich vor, wie die Nahrung vom Mund in den Magen,
durch die verschiedenen Verdauungsorgane bis zur letzten Station,
dem After, transportiert wird. Visualisieren Sie die wunderbare
Arbeit des Darmes, der die Nahrungsmittel zerlegt und die Peri-
staltik, die die Abfallstoffe aus dem Körper ausscheidet. Wenn Sie
diesen Weg gut visualisiert haben, bleiben Sie einen Moment lang
ruhig liegen. Strecken Sie dann alle Muskeln, atmen Sie tief durch
und öffnen Sie langsam die Augen.*

**Abnehmen beginnt im Kopf**

Im Gehirn gibt es zwei Zentren: das Hunger- und das Appetitzentrum.
Um abzunehmen, muß man soweit als möglich das Appetitzentrum
hemmen. Um gesund und fit zu bleiben, muß man umdenken: essen,
um zu leben, und nicht leben, um zu essen. Vom Tisch aufstehen,
wenn man noch ein wenig hungrig ist, sonst ißt man zu viel und wird
zu dick. Dick sein heißt eigentlich krank sein.

Hier nun eine Übung, um die Anwendung einer vernünftigen Ernährung zu erleichtern.

### *Übung für Ihr Appetitzentrum*

*Setzen Sie sich bequem in einen Lehnstuhl. Die Augen bleiben
offen. Fixieren Sie einen Gegenstand, beobachten Sie ihn, bis Ihre
Augen müde werden. Lassen Sie dann die Augen zufallen und entspannen Sie Ihren Körper so vollständig wie möglich. Kein
Geräusch kann Sie ablenken.*

*Stellen Sie sich vor, Sie sitzen an einem Tisch mit lauter appetitan-
regenden Gerichten. Auf der einen Seite sehen Sie Käse, Spaghetti
mit Tomatensauce, Brot, Pommes Frites, Trauben und Bananen,*

*während auf der anderen Seite Obst, Salat, Gemüse und gegrillter Fisch angerichtet sind.*

*Sie wählen die Gerichte auf der zweiten Seite des Tisches, weil Sie die andern ekelhaft finden. Sie verspüren richtigen Widerwillen, während Sie diese schweren Gerichte betrachten! Sie essen die Salate, das Gemüse, das Obst mit Vergnügen. Sie lieben und schätzen diese einfache und natürliche Nahrung. Sie stellen fest, daß Sie weniger essen, Sie fühlen sich leicht und fit. Ihr Festmahl ist beendet, Sie stehen vom Tisch auf und sind bis zur nächsten Mahlzeit vollkommen gesättigt. Sie sind glücklich.*

*Strecken Sie nun die Arme und Beine, atmen Sie tief durch und öffnen Sie freudig die Augen.*

Über die Phantasie können Sie direkt auf den Körper einwirken. Sie wissen jetzt, daß Sie vollkommen das Gefühl für die Zeit verlieren, wenn Sie in den sophronischen Bewußtseinszustand eintreten. Alles wird mental präsent, und Sie erfahren die von Jung beschriebene Synchronizität der Zeit. Deswegen können Sie in diesem Zustand Zeitreisen unternehmen, sowohl in die Vergangenheit (Regression) als auch in die Zukunft (Progression).

Für einen guten Ablauf Ihrer Diät empfehle ich Ihnen, sich vorzustellen, daß Sie in der Zukunft Ihre Wunschfigur haben werden. In der Entspannung können Sie sich gleichzeitig folgendes suggerieren: „Ich hasse alle kohlenhydratreichen Nahrungsmittel – ich mag weder Bananen, noch Trauben oder Weißbrot, usw. – ich weiß genau, daß Nudeln nicht gut für mich sind, so wie alle Fette". Hingegen: „Ich liebe frisches Gemüse – besonders Salat – ich esse mit Vergnügen frisches Obst der Saison – (auch wenn Sie nicht Vegetarier sind) – ich bevorzuge gekochten Fisch ohne Sauce und gegrilltes Fleisch, usw." Durch diese Übung programmieren Sie Ihr Unbewußtes durch eine Projektion in die Zukunft und werden nach und nach nur noch gesunde Nahrungsmittel essen.

*In Ihren Entspannungsübungen können Sie sich auch vorstellen, daß Sie nackt vor einem Spiegel stehen und sich betrachten – zuerst so, wie Sie sind, dick und aufgedunsen; langsam verwandelt sich Ihre Figur, und Sie sehen Ihren zukünftigen Körper – so wie Sie ihn erträumen, schlank und attraktiv.*

Diese Übung ist durchaus machbar. Haben Sie bemerkt, daß Menschen, die lange zusammenleben, sich mit der Zeit immer ähnlicher werden? Versuchen Sie, solche Ähnlichkeiten in Ihrer Umgebung zu beobachten, Sie werden erstaunt über Ihren Erfolg sein. Sie können dieses Phänomen auch auf Ihre Vorgehensweise beim Abnehmen anwenden. Schneiden Sie in einer Zeitschrift das Photo einer Person aus, die so aussieht wie Sie gerne aussehen möchten, wenn Sie schlanker geworden sind. Jetzt machen Sie eine Photomontage und setzen ein Bild von Ihrem Gesicht auf die Traumfigur. Kleben Sie das Bild auf eine Türe, die Sie oft öffnen, zum Beispiel die Badezimmertür oder in den Kleiderschrank. Jedesmal, wenn Sie daran vorbeikommen, sehen Sie sich das Bild gut an, konzentrieren Sie sich einen Augenblick auf die Figur und sagen Sie sich: „Ich will ihr ähnlich sein, das bin ich, ich kann so aussehen." Nach und nach installieren Sie das Programm dieser Umwandlung in Ihrem Gehirn. Dieser kleine Trick ist sehr wirksam, auch wenn es unwahrscheinlich klingt.

Die positive Phantasie in Verbindung mit den anderen in diesem Kapitel beschriebenen Methoden ist eine notwendige Ergänzung zu jeder Abmagerungskur.

# 8 Angst

Die Sophrologie wird oft bei Prüfungsangst eingesetzt. Wenn Sie unter Prüfungsangst leiden, obwohl Sie gut vorbereitet sind, verlieren Sie einen Teil Ihrer Gedächtnisleistung in dem Augenblick, in dem Sie auf die gestellten Fragen antworten sollen. Dieses Phänomen kann wissenschaftlich erklärt werden.

Vereinfacht dargestellt löst die Angst im Bereich der Hirnrinde, des äußeren Teiles des Gehirns, eine starke Erregung aus. Dieser Impuls führt zu einer Hemmung der anderen Funktionen der Hirnrinde. Mit anderen Worten, die gesamte Energie im Gehirn konzentriert sich auf die Angst, und so müssen alle anderen Funktionen ihre Tätigkeit einstellen. Daher sind Sie nicht mehr in der Lage, Fragen zu beantworten, obwohl Sie die Antworten wissen.

Diese Angst können Sie reduzieren und sogar ganz verlieren, indem Sie Ihren ganzen Körper entspannen und diese Entspannung während der Dauer der Prüfung beibehalten. So lösen Sie eine Reaktion (Feedback) zwischen Körper und Gehirn aus, die die Angst stoppt. Die Gehirnfunktionen nehmen ihre Tätigkeit wieder auf, und Ihr Gedächtnis arbeitet normal. Sie können entsprechend Ihrem Wissensstand auf die Fragen antworten.

Für die Vorbereitung auf Prüfungen und die Beherrschung der Angst können Sie sich die Prüfungssituation in der Zukunft vorstellen, indem Sie die progressive Sophro-Akzeptation verwenden. Das ist das positive Erleben einer zukünftigen Situation im sophronischen Zustand. Hier ein Beispiel:

### Übung gegen Prüfungsangst

*Legen oder setzen Sie sich bequem hin und schließen Sie die Augen. Konzentrieren Sie sich auf Ihre Atmung. Bei jedem Ausatmen entspannen Sie sich tiefer. Kontrollieren Sie die Entspannung vom Kopf bis zu den Füßen, ohne auf Ihren Rücken zu vergessen. Es ist wie beim Einschlafen.*

*Stellen Sie sich vor, Sie erleben in diesem Augenblick den Tag Ihrer nächsten Prüfung. Sie sind genauso entspannt wie jetzt.*

*Sie gehen aus dem Haus. Unterwegs fühlen Sie sich glücklich, und bei Ihrer Ankunft sehen Sie den Prüfungsraum. Sie sehen, wie Sie auf Ihrem Platz sitzen. Sie haben alle Fächer gut vorbereitet, Sie haben so gut wie möglich gearbeitet und sind ganz ruhig. Wenn Sie in diesem Entspannungszustand bleiben, wird alles, was Sie gelesen und gelernt haben, in Ihrem Gedächtnis sein. Es läßt Sie im entscheidenden Augenblick nicht im Stich. Sie haben genügend Selbstvertrauen. Anschließend stellen Sie sich die Prüfungssituation vor: Der Professor ist da, und Sie sind immer noch entspannt und antworten ohne Schwierigkeiten auf alle Fragen. Die Note liegt ganz bestimmt deutlich über dem Durchschnitt. Stellen Sie sich so alle Prüfungen vor, die Sie bestehen müssen. Wenn Sie fertig sind, kehren Sie wie gewohnt aus der Entspannung zurück, strecken Sie alle Muskeln und atmen Sie tief durch, bevor Sie die Augen öffnen.*

Wenn Sie alle Prüfungen so vorbereiten, verbessern Sie Ihr Vertrauen in Ihre eigenen Fähigkeiten und verlieren einen großen Teil Ihrer Ängste.

Schauspieler und Menschen, die in der Öffentlichkeit sprechen müssen, haben auch Angst. Es ist das Lampenfieber, das vor der Vorstellung oder einem Vortrag den ganzen Körper erfaßt. Um Lampenfieber zu überwinden, kann man die vorher beschriebene Übung folgendermaßen abwandeln:

### Übung gegen Lampenfieber

*Sie sitzen oder liegen bequem mit geschlossenen Augen. Sie entspannen das Gesicht, die Brust, alle Muskeln im Körper und atmen tief und ruhig durch den Bauch. Stellen Sie sich nun einen Bildschirm vor und geben Sie ihm eine Farbe. Nun treten Sie auf und beginnen ohne jede Angst mit Ihrem Text. Sie sind auf der Bühne oder auf einem Podium, vor einem vollbesetzten Zuschauerraum. Sie verspüren keinerlei Spannung, Ihr Gedächtnis ist vollkommen. Sie sind in ausgezeichneter Form, glücklich und völlig entspannt. Nachdem Sie sich dieses Bild eingeprägt haben, bewegen Sie die Zehen, strecken sich, atmen tief ein und aus und öffnen dann die Augen.*

Sie können diese Entspannungsübung in aller Ruhe bei sich zu Hause machen oder sich einige Minuten zurückziehen, bevor die Vorführung beginnt oder Sie vor Publikum sprechen müssen.

Jeder kann seine Angst überwinden. Furcht und Lampenfieber können unter Kontrolle gebracht werden. Indem Sie sich eine bevorstehende Prüfung positiv vorstellen, indem Sie sie im vorhinein erleben, können Sie alles schaffen, was Sie sich vornehmen. Stellen Sie sich vor, wie entspannt Sie sind, nachdem Sie Ihre Prüfung abgelegt, Ihre Rolle gespielt oder Ihren Vortrag gehalten haben. Denken Sie gleichzeitig daran, daß Sie volles Vertrauen in sich und Ihre Fähigkeiten haben. Wenn Sie Angst verspüren, atmen Sie einfach tief und langsam durch den Bauch, und die Ruhe wird die Angst besiegen.

## Flugangst

Viele Menschen haben panische Angst bei der Vorstellung, fliegen zu müssen. Sobald sie in einem Flugzeug sitzen, sind sie vor Angst wie gelähmt. Dieses Phänomen ist weitverbreitet und hinlänglich bekannt. Es kann so stark sein, daß diese Leute mit dem Zug oder dem Schiff reisen, selbst wenn das einen erheblichen Zeitverlust mit sich bringt.

Diese Angst kann auch beim Betreten eines fensterlosen Raumes oder eines Liftes auftreten. Viel mehr Menschen, als wir glauben, haben Angst vor dem Benutzen eines Fahrstuhles. Dieses Symptom nennt man Klaustrophobie.

Es handelt sich dabei um eine Neurose, deren Ursache völlig unbewußt ist, und es ist unmöglich, die Situation mit dem Willen in den Griff zu bekommen. In diesem Fall ist die beste Hilfe wieder die Phantasie. Dieses Symptom kann genauso behandelt werden, wie in den weiter oben zitierten Fällen.

Wenn Sie Angst vorm Fliegen haben, stellen Sie sich in entspanntem Zustand die Situation in der Zukunft vor.

### *Übung gegen Flugangst*

*Legen Sie sich bequem hin, schließen Sie die Augen und entspannen Sie sich so tief und vollständig wie möglich. Dann stellen Sie sich vor, daß Sie Ihr Zimmer verlassen, auf Reisen gehen und dazu ein Flugzeug nehmen müssen. Sie fahren zum Flughafen, während der Fahrt sind Sie ganz entspannt. Immer noch ganz ruhig kommen Sie zum Schalter der Fluggesellschaft. In der Wartehalle verspüren Sie keinerlei Spannung. Sie werden aufgerufen und steigen ohne jede Angst ins Flugzeug. Sie setzen sich auf Ihren Platz und entspannen sich total. Das Flugzeug rollt auf die Startbahn, Sie werden immer entspannter, es hebt ab, gewinnt an Höhe, und Sie sind glücklich, wegzufliegen. Sie sitzen ganz friedlich da und atmen weiter langsam durch den Bauch. Bei der Landung sind Sie immer noch entspannt. Das Flugzeug rollt zu seinem Platz, Sie atmen tief ein und sind glücklich. Ihr Flug ist ohne Probleme gewesen. Nun bewegen Sie die Zehen und die Hände, strecken sich ganz durch und öffnen die Augen.*

So kann die Angst vor jeder Reise in eine richtige Vorfreude umgewandelt werden.

**Angst vor Operationen**

Die Angst vor einer Operation ist weitverbreitet. Auch darauf kann man sich mit Hilfe der Sophrologie vorbereiten. Es ist sehr wichtig, die Operation zu akzeptieren, ruhig zu bleiben und volles Vertrauen in sich selbst und den Chirurgen zu haben. Darüber hinaus können Sie Ihr Gehirn positiv einsetzen, um die Regeneration der Gewebe zu kontrollieren und zu beschleunigen. Diese spezielle sophrologische Technik nennt man Psychoplastik.

Wenn Sie sich ganz tief entspannen, dringen Sie in einen sophronischen Bewußtseinszustand ein, und während der ganzen Dauer der Entspannung verlieren Sie jedes Gefühl für Zeit und Raum. Sie projizieren sich in die Zukunft und stellen sich die Situation, also die Operation, positiv vor.

Sie können lernen, sich nach einem chirurgischen Eingriff rasch zu erholen und die Heilung des Gewebes und der Organe zu aktivieren. So können Sie auch Medikamente wie Schmerzmittel, Beruhigungsmittel und Schlafmittel überflüssig machen oder zumindest reduzieren.

Vor einer Operation bereiten Sie sich so vor:

## Übung zur Operationsvorbereitung

*Legen Sie sich hin und entspannen Sie sich vollkommen mit geschlossenen Augen. Das Gesicht, die Kaumuskulatur, das Genick. Legen Sie alle Spannungen in den Schultern und Armen ab. Entspannen Sie das Herz und die Lunge, den ganzen Brustkorb. Atmen Sie leicht durch den Bauch. Entspannen Sie alle inneren Organe, dann die Beine und Füße. Werden Sie ganz schwer und ruhig.*

*Stellen Sie sich vor, wie Sie ins Krankenhaus oder in die Klinik fahren. Sie verlassen das Haus völlig entspannt und zuversichtlich, denn Sie haben überhaupt keine Angst vor der Operation. Ganz im Gegenteil, Sie wissen, daß Sie durch diesen Schritt wieder gesund werden und daß die Heilung sehr schnell gehen wird. Sie haben volles Vertrauen in den Chirurgen. Dann sehen Sie, wie Sie völlig entspannt und gut vorbereitet auf die Operation warten. Sie sind so entspannt, daß für die Narkose weniger Anästhetikum als üblich notwendig ist, und Sie schlafen sofort ein.*

*Nach Beendigung der Operation erwachen Sie entweder in Ihrem Zimmer oder in der Intensivstation. Sie sind ganz ruhig. Es kann sein, daß eine Infusion an Ihrem Arm hängt, oder vielleicht sind Sie intubiert. Sie wissen, daß es nur für kurze Zeit ist und daß Sie bald gesund sein werden. Sie sind so entspannt, daß Sie keine Schmerzen haben. Der Schmerz ist neutralisiert, und Sie sind froh, daß die Operation so gut gegangen ist. Sie werden rasch gesund, einige Tage später können Sie das Krankenhaus verlassen. Sie können gehen und haben keine Schmerzen. Sie kommen glücklich nach Hause und nehmen Ihr normales Leben wieder auf.*

*Bewegen Sie jetzt Ihre Zehen und Hände, atmen Sie tief durch, schlucken Sie, bewegen Sie die Gesichtsmuskeln und den ganzen Körper und öffnen Sie dann langsam die Augen.*

Wenn Sie diese Entspannung in den Wochen vor dem Eingriff mehrere Male machen, können sich Angst und Furcht vor der Operation in eine große innere Ruhe verwandeln.

Die Vernarbung nach der Operation oder bei jeder anderen Wunde kann folgendermaßen beschleunigt werden:

## *Übung zur Heilungsbeschleunigung*

*Legen Sie sich hin, schließen Sie die Augen und entspannen Sie sich wie immer ganz tief. Konzentrieren Sie sich besonders auf die verwundete Stelle in Ihrem Körper. Stellen Sie sich vor, wie das Blut in diesen Bereich fließt. Gleichzeitig werden Sie durch die weißen Blutkörperchen vor Infektionen geschützt. Versuchen Sie, die Blutversorgung zu verbessern, um eine Wärmeinsel auf der Wunde zu schaffen. Diese Wärme wird stärker. Wenn Sie die Wärme gut spüren, regeneriert sich das Gewebe rasch. Stellen Sie sich die Narbe vor. Die Haut heilt. Die Wärme bleibt stundenlang, und Sie können sie nach Bedarf verstärken, indem Sie sich entspannen und auf die gleiche Weise auf die Stelle konzentrieren, die Sie erwärmen und heilen wollen. Wenn Sie fertig sind, bewegen Sie die Zehen und die Hände, atmen Sie tief durch und öffnen Sie langsam die Augen.*

Üben Sie regelmäßig, denn diese Methode ist sehr wirksam und unterstützt die Natur bei der raschen und vollständigen Heilung.

# 9 Der Schmerz

Schmerz kommt durch die direkte Verbindung zwischen einem kranken oder verletzten Körperteil und dem Bewußtsein zustande. Das bedeutet, daß jeder Mensch fähig sein müßte, Schmerz zu kontrollieren oder gar zu stoppen. Dazu muß man lernen, bestimmte Körperteile mit Hilfe von speziellen sophrologischen Methoden schmerzfrei zu machen.

Hier eine solche Übung:

## *Übung für Schmerzunempfindlichkeit*

*Knapp vor dem Einschlafen konzentrieren Sie sich zum Beispiel auf Ihre Hand. Stellen Sie sich vor, daß Sie einen Lederhandschuh tragen und denken Sie: Meine Hand wird zehn Minuten lange gefühllos. Der Handschuh löst sich langsam und tritt zehn Minuten lang an die Stelle meiner Hand. Meine Haut, die Muskeln, die Knochen, Gelenke, meine ganze Hand werden zehn Minuten lang vom Gehirn abgetrennt. Konzentrieren Sie sich einige Minuten lang auf diesen Gedanken. Denken Sie an nichts anderes.*

*Kontrollieren Sie dann Ihre Hand, stechen oder kneifen Sie sie. Wahrscheinlich hat sich die Schmerzempfindlichkeit verringert, vielleicht ist sie sogar zehn Minuten lang ganz verschwunden.*

Mit dieser Vorgehensweise kann man Schmerz für eine bestimmte Zeit reduzieren oder beseitigen. Mehrere überzeugende Versuche wurden in diesem Zusammenhang gemacht, sogar Lokalanästhesien für chirurgische Eingriffe.

Wenn Ihre Hand nicht schmerzunempfindlich geworden ist, verlieren Sie nicht den Mut. Machen Sie weiter und versuchen Sie, die eine oder die andere Hand, den Unterarm oder irgendeinen anderen Körperteil unempfindlich zu machen. Mit ein wenig Training können Sie es schaffen.

Es ist jedoch wichtig, nicht zu vergessen, daß Schmerz oft ein notwendiges Alarmsignal ist. Bevor man ihn beseitigt, muß man ihn zunächst verstehen.

In der Sophrologie wurden spezielle Methoden entwickelt, um unser Gehirn besser programmieren zu können. Damit kann man auch lernen, die Funktionen der inneren Organe zu kontrollieren, Schmerzen zu lindern, das Gedächtnis zu verbessern usw. Unser Gehirn ist in der Lage, Milliarden von Programmen zu speichern.

Jeder Mensch verspürt Schmerz anders und nimmt ihn subjektiv anders wahr. Die Heftigkeit des Schmerzes hängt von mehreren Faktoren ab, wie Rasse, Erziehung, Glauben, Emotion, Geschlecht (Frauen sind schmerzunempfindlicher als Männer), Alter, Lokalisierung des Schmerzes, Größe der Verletzung usw. Wird er zu stark, müssen wir versuchen, ihn zu beherrschen und soweit wie möglich zu lindern. Manchmal kann es dabei um Leben und Tod gehen. Ich selbst kenne zwei Menschen, die versucht haben, sich wegen einer extrem schmerzhaften Gesichtsneuralgie das Leben zu nehmen. Unter allen Mitteln zur Beherrschung von Schmerz zählen die sophrologischen Methoden zu den wirksamsten.

Wir werden in Kapitel 14 zum Thema Schwangerschaft über die Beherrschung von Schmerz ausführlich sprechen. Hier ein Beispiel vorweg. Frau C.A., 33 Jahre alt, ist zum zweitenmal schwanger. Die erste Entbindung fand unter schwierigen Umständen statt, sie litt mehr als zwanzig Stunden und fürchtet sich nun sehr vor der zweiten Entbindung. Sie kommt im zweiten Schwangerschaftsmonat zu uns. Wir beginnen sofort mit der psychologischen Vorbereitung und lehren sie Methoden zur Entspannung und Selbstkontrolle, insbesondere bei Schmerzen. Wir zeigen ihr, wie sie ihre Hand schmerzunempfindlich machen kann und geben ihr eine Kassette mit, damit sie jeden Tag zu Hause üben kann.

Beim nächsten Termin sagt sie uns, wie erstaunt sie war, als ihre Hand tatsächlich gefühllos wurde. Jetzt ist sie schon in der Lage, sie völlig schmerzunempfindlich zu machen. Nun zeigen wir ihr, wie sie diese Unempfindlichkeit auf den Gebärmutterhals und den Damm übertragen kann. Sie lernt, dies auch allein zu machen, zunächst mit Hilfe der Kassette, dann ausschließlich mental. Es gelingt ihr sehr gut und die Angst verringert sich. Zwei Wochen vor dem errechneten Entbindungstermin machen wir gemeinsam eine progressive Sophro-Akzeptation. In der totalen Entspannung macht sie in der Phantasie die Erfahrung des Ablaufes ihrer Entbindung. Sie kann alle Einzelheiten beschreiben, vom Augenblick des Betretens der Klinik bis zu dem Punkt, wo das wohlgeformte Baby auf ihrem Bauch liegt. Diese Erfahrung ist sehr positiv.

Am Tag der Entbindung läuft alles so, wie sie es sich vorgestellt hatte. Sie ist ganz entspannt und zuversichtlich, und alles geht gut. Die Entbindung geht rasch und fast ohne Schmerzen vor sich.

Schmerz ist ein Symptom. Er will uns immer etwas mitteilen. Es kann eine direkte Beziehung zwischen Schmerz und psychologischen Problemen geben. Eine Muskelverspannung ist oft schmerzhaft, und gleichzeitig bedeutet sie etwas. Wieviele Menschen klagen über Rückenschmerzen und denken, daß mit ihren Wirbeln etwas nicht in Ordnung ist. Oft können sie kaum gehen oder sich bewegen, weil der Schmerz so stark ist, und sie sind richtiggehend behindert. In den meisten Fällen ist der Schmerz nur das Ergebnis einer Muskelverspannung, die direkt mit „psychologischen Verspannungen" oder äußeren Spannungen in Beziehung steht. Dieser Schmerz ist nur eine starke Anspannung als Reaktion auf Stressoren oder eine zu starke körperliche Antwort auf Probleme.

Wenn Sie zu einem Chiropraktiker gehen, dürfen Sie nicht glauben, daß die Geräusche, die Sie hören, tatsächlich das Krachen Ihrer Knochen sind. Dieser Spezialist löst ihre Muskelverspannungen auf. Wenn diese beseitigt sind, verschwinden auch die Schmerzen. Diese Behandlung kann vielen Menschen Linderung bringen, aber man muß auch die psychologischen Ursachen im Rahmen einer Psychotherapie oder Sophrotherapie beseitigen, bei der Sie Methoden emotionaler Kontrolle erlernen.

Periarthritis ist sehr schmerzhaft. Der Schmerz wird dabei von einer Verspannung der Muskeln ausgelöst, die das betroffene Gelenk umgeben. Wenn Sie zum Beispiel in der rechten Schulter eine Periarthritis haben, geht es ganz bestimmt um ein materielles oder finanzielles Problem. Bei der linken Schulter hingegen kann man annehmen, daß es sich um ein Problem im Gefühlsbereich handelt.

Wir sollten lernen, auf die Sprache des Körpers zu hören. Werden Schmerzen mit Schmerzmitteln bekämpft, führt das zu einer Linderung, löst jedoch nie das Grundproblem. Auch hier ist die Sophrotherapie sehr wirksam, denn sie kann helfen, den Schmerz zu beseitigen und ihn gleichzeitig verstehen. Das geht natürlich nur, wenn der Schmerz nicht durch eine konkrete physische Ursache ausgelöst wurde, wie einen Unfall, einen Tumor oder ein Geschwür. Das gleiche Phänomen beobachten wir bei Kolitis, die auch nur eine Muskelverspannung im Dickdarm ist. Medikamente können Linderung bringen, lösen aber nicht das Grundproblem und können Nebenwirkungen haben. Versuchen Sie zunächst, herauszufinden, ob Ihre Ernährung in Ordnung ist.

Man muß zuerst über den Schmerz nachdenken und seine Ursache verstehen, bevor man ihn beseitigen kann.

Die Sophrologie kann auf zweifache Weise helfen, Schmerz zu beherrschen. Zunächst direkt im Bereich der lokalen Muskelverspannungen durch Entspannungstechniken, und dann im Gehirn selbst, durch das Beeinflussen des Schmerzzentrums.

Es ist ganz klar, daß es ohne direkte Beteiligung des Gehirns und der Hirnrinde keinen Schmerz geben kann. Der Teil der Hirnrinde, der für den Schmerz zuständig ist, liegt im Schläfenlappen des Gehirns. Die rechte Hirnhälfte beherrscht die linke Körperhälfte, während die linke für die rechte Körperhälfte zuständig ist. Es ist wahrscheinlich, daß wir bei dem Versuch, eine psychische Verspannung durch die Sophrologie zu lösen (diese Technik nennen wir sensorielle Sophro-Substitution) die Menge an Endorphinen in der Hirnrinde erhöhen, was zu einer relativ starken Blockierung der Schmerzzentren führt. Wir wissen, daß unser Körper in der Lage ist, eine Art körpereigenes Morphin in der Hirnrinde oder im Bereich der Hypophyse oder auch im Darm abzusondern. Mit unseren Methoden können wir die Muskelverspannung lösen und gleichzeitig auch eine zentrale Wirkung auslösen. Damit haben wir ein sehr effizientes Instrument zur Schmerzbekämpfung. Diese Methode hat sich schon oft bewährt, und wir wenden sie bei fortgeschrittenen Stadien von Krebs mit Erfolg an. Mit der sensoriellen Sophro-Substitution ist es sogar möglich, dort wo die Anästhesie für den Patienten gefährlich sein könnte, ohne chemische Anästhesie Operationen durchzuführen.

Wir haben auch beobachtet, daß mehr als die Hälfte der Menschen in der Lage sind, sehr rasch eine psychologische Anästhesie durchzuführen, mit einem mehr oder weniger langen Training. Die Tiefe der so erzielten Anästhesie variiert zwischen völliger Gefühllosigkeit und Schmerzlosigkeit.

Im Kapitel „Geburt" z.B. erfahren Sie mehr über Schmerzunempfindlichkeit bei der Geburt.

Ein anderes Beispiel ist z.B. das Lesen. Wenn Sie in ein spannendes Buch versunken sind, vergessen Sie den Schmerz. Sobald Sie zu lesen aufhören, beginnt er wieder.

Dieses Ablenkungsmanöver können Sie auch anwenden, wenn Sie eine Injektion oder eine intravenöse Spritze bekommen sollen. Während der Arzt die Spritze vorbereitet, beginnen Sie, sich auf den anderen Arm zu konzentrieren. Schließen Sie die Augen und sagen Sie sich: Mein Arm ist entspannt. Je mehr ich ihn entspanne, desto schwerer wird er. Ich konzentriere mich ausschließlich auf diesen Arm, ich spüre ihn, er ist in meinem Geist präsent, er ist wunderbar, ich kann mit diesem Arm alles mögliche machen usw. Währenddessen hat der Arzt oder die Krankenschwester die Injektion schon gemacht, und Sie haben gar nichts gespürt. Versuchen Sie diese Methode jedesmal, wenn Sie sich einer schmerzhaften Behandlung unterziehen müssen.

Beim Zahnarzt zum Beispiel können Sie an Ihre Füße oder Ihre Hände denken, während er an einem Ihrer Zähne bohrt. Entspannen Sie die Hände, anstatt die Armlehnen zu unklammern. Oder stellen Sie sich vor, Sie sitzen im Flugzeug und beginnen gerade einen schönen Urlaub. Solange Sie die Hirnrinde mit Gedanken stimulieren, die nichts mit der aktuellen Situation zu tun haben, ist der Schmerz schwächer oder sogar inexistent. Die Erregung, die Sie durch die Phantasie auslösen, führt zur Blockierung der Schmerzzentren im Gehirn.

# 10 Der Schlaf

Im Schlaf regenerieren alle Körperzellen, er bereitet uns somit auf die Tätigkeiten vor, die uns jeden Tag erwarten. Fast 40 % aller Menschen schlafen schlecht oder zuwenig, und das führt sehr schnell zu funktionellen Störungen. Jugendliche sollten zwischen acht und zehn Stunden pro Nacht schlafen, und Erwachsene zwischen sechs und acht Stunden, wobei die Schlafdauer individuell stark variieren kann. Nach einer Nacht, während der man gut geschlafen hat, müßte man sich vollkommen erholt fühlen. Wenn man sich beim Aufwachen noch müde fühlt, drückt das einen zu starken (oder zu schwachen) Streß aus; der erste Schritt zur Behebung dieses Zustandes besteht darin, die Organisation des täglichen Lebens zu überdenken und zu verändern.

Wenn Sie am Abend schlafen gehen, vergessen Sie alle Ihre Probleme. Sie werden im Bett kaum eine Lösung finden. Wenn Sie Ihre Probleme so sehen, wie sie sind, und nicht so, wie Sie sie wahrnehmen (was etwas ganz anderes ist) werden Sie zum gegebenen Zeitpunkt die Lösung finden. Es hat überhaupt keinen Sinn, sich vorher schon das Gehirn zu zermartern. Beim Schlafengehen, wenn Sie das Licht ausgemacht haben, strecken Sie sich bequem aus, atmen tief durch, entspannen sich und vergessen alles. Sie können Ihre Gedanken genauso wie Ihre Gliedmaßen entspannen. Zählen Sie beim Atmen und entspannen Sie Ihre Arme und Beine bei jedem Ausatmen ein wenig mehr. Sie werden schwer, als würden sie zum Erdmittelpunkt gezogen. So kann sich Ihr Atem verlangsamen, und Sie schlafen ganz ruhig ein.

Normal sollten Sie beim Zubettgehen nach einigen Minuten in einen tiefen Schlaf versinken. Wenn Sie jetzt anfangen, an alle Ihre vergangenen oder zukünftigen Schwierigkeiten zu denken, schaffen Sie sehr rasch eine Schlaflosigkeit, die direkt mit Ihren Problemen verknüpft ist, und es wird immer schwieriger, einzuschlafen.

Die Ursachen von zu wenig Schlaf oder unruhigem Schlaf können sehr unterschiedlich sein. Durch das Einnehmen von Schlafmitteln wird eine tiefgreifende chronische Schlaflosigkeit ausgelöst und das gefährdet die Gesundheit. Lernen Sie, ganz ruhig einzuschlafen und dabei alle Schwierigkeiten zu vergessen, indem Sie Ihr Gehirn zur wohlverdienten Ruhe kommen lassen.

Zum Thema Schlaf wurden schon sehr viele Forschungsarbeiten durchgeführt. Professor Kleitman in Chicago und Professor Jouvet in Lyon stellten fest, daß der Schlaf beim Menschen einem regelmäßigen Rhythmus folgt. Vereinfacht dargestellt verlangsamt sich beim Einschlafen die Gehirntätigkeit, und der Schlaf ist 90 Minuten lang sehr tief. Dann ändert sich die Länge der Wellen, die das Gehirn aussendet, ein Traum beginnt und dauert neun Minuten lang. Nun kommt die nächste Tiefschlafphase, die 90 Minuten dauert, und so fort. Diese alternierenden Phasen wiederholen sich jede Nacht vier- bis fünfmal, wobei die Traumphase jedesmal länger wird und zwischen 9 und 30 Minuten dauern kann. Am Morgen erwachen Sie, ohne zu wissen, daß Sie während der Nacht fast zwei Stunden lang geträumt haben. Die Träume sind genauso wichtig wie der Schlaf selbst.

Hier nun einige praktische Tips, um gut zu schlafen: Zunächst sollte Ihr Bett so ausgerichtet sein, daß der Kopf nach Norden liegt und die Füße nach Süden ausgerichtet sind. Das kann man leicht mit einem Kompaß überprüfen. Wenn Sie gut schlafen, hat die Ausrichtung keine große Bedeutung, aber Ihr Körper kann sich besser ausruhen, wenn er entlang der Nord-Süd-Achse liegt. Vor dem Schlafengehen ist es wichtig, die positiven Ionen loszuwerden, die Sie den ganzen Tag auf dem Körper angesammelt haben. Dazu empfehle ich Ihnen, jeden Abend eine angenehm warme Dusche zu nehmen. Nach dem Abendessen können Sie auch einen Spaziergang machen, wobei die Sohlen Ihrer Schuhe vorzugsweise aus Leder sein sollten. Gummi, Plastik oder Krepp leiten die positiven Ionen nicht in die Erde ab. Das Ziel, die Ionen loszuwerden, wird also nicht erreicht, und Sie schlafen schlechter. Ihr Pyjama oder Nachthemd sowie Ihre Bettwäsche sollten aus natürlichen Fasern sein, nicht aus Kunststoff, sondern aus Baumwolle. Wenn Sie schlecht schlafen, müssen Sie alle synthetischen Materialien aus dem Bett verbannen. Sogar die Matratze darf nur natürliche Fasern enthalten. Um das Herz während des Schlafes zu entlasten, können Sie das Fußende des Bettes um 2 bis 3 cm erhöhen. Trinken Sie ein Glas warmer Milch, eventuell mit etwas Honig, das erhöht den Serotoninspiegel im Blut und stimuliert das Schlafzentrum im Gehirn.

## Schlafmittel

Schlafmittel sind Drogen, die den Menschen nach und nach kaputtmachen können. Wenn Sie zermürbt von der Schlaflosigkeit jeden Abend eine Schlaftablette nehmen, um leichter einschlafen zu können, wird es sehr schnell eine schlechte Gewohnheit. Das Schlafen mit Hilfe einer chemischen Substanz hat überhaupt nichts mit dem natürlichen Schlaf zu tun. Durch die regelmäßige Einnahme von Schlafmitteln zerstören Sie das Gleichgewicht der chemischen Substanzen in den Gehirnzentren und verstärken dadurch die Schlaflosigkeit, anstatt sie zu heilen. Der Schlaf wird künstlich und kann auf keinen Fall die Erholung bringen, die Sie brauchen. Darüberhinaus bleibt ein Narkotikum sehr lange im Körper. Spuren von Barbituraten können noch bis zu zwei Wochen nach der Einnahme im Blut festgestellt werden. Stellen Sie sich vor, was bei regelmäßiger Einnahme passiert.

Der Schlaf ist ein Naturgesetz, und es ist normal, ohne jegliche Hilfe einzuschlafen. Jeder Mensch kann sich abends im Bewußtsein der wohlverdienten Ruhe entspannen und selig entschlummern.

### *Übung für besseren Schlaf*

*Legen Sie sich auf Ihr Bett und suchen Sie die beste Einschlafposition. Löschen Sie das Licht und schließen Sie die Augen. Kontrollieren Sie, ob Sie wirklich bequem liegen und suchen Sie eine neue Position, wenn das notwendig ist. Entspannen Sie langsam den ganzen Körper vom Kopf bis zu den Füßen. Gleichzeitig wird Ihr Körper warm. Versuchen Sie, sich vorzustellen, wie die Wärme durch alle Gliedmaßen fließt. Betrachten Sie mental Ihre Anatomie, ihre Grenzen, ihre Form. Spüren Sie, welche Körperteile das Leintuch berühren. Werden Sie sich Ihres Körpers, der gelöst auf dem Bett liegt, bewußt.*

*Denken Sie dann an eine erfreuliche Begebenheit aus Ihrer Vergangenheit, eine Situation, wo Sie vollkommen glücklich waren. Werden Sie zu einem Teil dieses vergangenen Ereignisses, als geschähe es in diesem Augenblick. Versuchen Sie, sich vorzustellen, wie ein Gefühl des Wohlbefindens Ihren ganzen Körper durchdringt. Einzig und allein dieses Wohlbefinden ist wichtig, nichts anderes. Ihre Probleme sind völlig vergessen, Sie erheben sich ins Reich der Träume.*

Sie haben sicher festgestellt, daß es im Gegensatz zu den anderen in diesem Buch vorgestellten sophrologischen Techniken hier nicht notwendig ist, am Ende der Übung zurückzukehren und die Augen zu öffnen. Diesmal schlafen Sie ganz einfach und natürlich ein und schlafen die ganze Nacht tief und fest.

Morgens beim Erwachen dürfte keine Müdigkeit mehr zurückbleiben, außer Sie haben zu wenig Schlaf bekommen. Wenn Sie so lange schlafen, wie für Ihren Organismus notwendig ist und morgens trotzdem noch müde sind, weist das auf eine Störung hin. Eine Therapie kann notwendig sein. In diesem speziellen Fall nützen Schlafmittel nicht. Sie verschlimmern nur die Schlafstörung und die Müdigkeit und vergiften dabei den Körper. Diese Morgenmüdigkeit kann man mit einigen Atemübungen und mit der dynamischen Entspannung bekämpfen. Hier eine spezielle Übung:

### Übung gegen Morgenmüdigkeit

*Geben Sie sich einen Ruck und stehen Sie auf. Schließen Sie die Augen und entspannen Sie sich. Atmen Sie ganz aus, leeren Sie die Lunge soweit wie möglich. Atmen Sie dann ein, indem Sie langsam die drei Ebenen – Bauch – Brust – Schultern – füllen. Halten Sie den Atem an und hüpfen Sie in diesem entspannten Zustand, mit entspannten Gliedmaßen, wie eine Marionette auf und ab. Wenn Sie den Atem nicht mehr anhalten können, atmen Sie durch die Nase ganz aus und entspannen Sie sich. Wiederholen Sie die Übung dreimal, atmen Sie dann wieder normal und öffnen Sie die Augen.*

Natürlich können Sie diese Übung zu jeder Tageszeit machen, aber morgens verspüren Sie dabei einen willkommenen Regenerationseffekt, und Ihre Müdigkeit verschwindet, wenn Sie nicht durch größere Störungen verursacht ist.

Manchmal ist eine Therapie unerläßlich, um einen normalen Schlafzyklus wiederherzustellen. Die Sophrologie ist in vielen Fällen die beste Methode, um Schlaflosigkeit loszuwerden. Wenn Sie jedoch ganz oder teilweise die Fähigkeit zu schlafen verloren haben, müssen Sie sich eine bestimmte Lebensdisziplin auferlegen. Gehen Sie eine Zeitlang jeden Abend um die gleiche Zeit schlafen. Bestimmen Sie einen fixen Zeitpunkt, bis Sie wieder besser einschlafen. Trinken Sie vor dem

Schlafengehen keine anregenden Getränke. Meiden Sie Kaffee und Tee und natürlich Alkohol. Wählen Sie für den Abend wenn möglich entspannende und beruhigende Tätigkeiten, anstatt sich gewalttätige Filme oder oft sinnlose Streitgespräche anzusehen. Machen Sie einige Stunden lang, was Sie gerne tun. Lesen Sie vielleicht in diesem oder einem anderen Buch über die Sophrologie. Vergessen Sie auch nicht, sich durch einen Spaziergang, wie schon erwähnt, der positiven Ionen zu entledigen und verbannen Sie alle synthetischen Materialien.

Die progressive Sophro-Akzeptation kann zur Programmierung des Schlafes eingesetzt werden.

### *Übung zur Schlafprogrammierung*

*Entspannen Sie sich im Stehen, im Sitzen oder im Liegen. Sie sind in der Lage, sich sehr rasch in einen sophronischen Bewußtseinszustand zu versetzen, indem Sie die Augen schließen und ein- oder zweimal tief durchatmen. Wenn Sie körperlich und geistig entspannt sind, versuchen Sie, Ihr Gehirn zu programmieren, indem Sie Ihre Phantasie positiv einsetzen. Sehen Sie auf Ihrem inneren Bildschirm, wie Sie einschlafen werden. Sie liegen ruhig und friedlich in Ihrem Bett, schlafen leicht und tief ein. Gleichzeitig suggerieren Sie sich die Erinnerung an Ihre Träume. Sie werden fähig sein, Ihre Träume beim Erwachen aufzuschreiben. Stellen Sie sich dieses Erwachen vor. Sie sind ausgeruht und bereit, einen herrlichen Tag zu beginnen, völlig entspannt Ihre Probleme in Angriff zu nehmen und Ihre körperlichen Reaktionen auf Stressoren voll zu kontrollieren. Beobachten Sie Ihre Atmung, atmen Sie langsam und tief durch den Bauch und spüren Sie bei jedem Ausatmen, wie Sie sich tiefer entspannen. Sie schlafen schon fast, egal in welcher Stellung Sie sich jetzt befinden. Dann, wenn Sie sich Ihren Schlaf, Ihre Träume und das Erwachen vorgestellt haben, bewegen Sie die Zehen, strecken Sie die Arme, atmen Sie tief durch, und wenn Sie bereit sind, öffnen Sie lächelnd die Augen.*

Diese Übung kann mehrmals wiederholt und zu jeder Tageszeit gemacht werden. So finden Sie Ihren früheren Schlaf wieder.

## Träume

Träume sind ein wesentlicher Bestandteil des Schlafes. Jeder Mensch träumt während eines achtstündigen Schlafes ungefähr zwei Stunden lang. Wenn Sie morgens erwachen, kommen Sie oft direkt aus einem Traum, aber Sie können sich nicht daran erinnern. Das ist bedauerlich, denn Träume haben immer eine Bedeutung, auch wenn wir sie nicht verstehen. Oft stehen sie in Zusammenhang mit Ereignissen in Ihrem Leben und können Lösungen für bestimmte Probleme aufzeigen. Sie entstehen aus dem Unbewußten, wo die Ursachen für Ihre pathologischen Symptome liegen. Deswegen ist es gut, sich seine Träume zu merken und beim Aufwachen zu notieren. Am Anfang kann Ihnen nur ein erfahrener Analytiker helfen, sie zu deuten. Der gleiche Traum kann bei zwei verschiedenen Menschen eine ganz unterschiedliche Bedeutung haben. Wenn Sie regelmäßig die geeigneten sophrologischen Übungen machen, können Sie Ihre intuitiven Fähigkeiten verbessern und die verschlüsselten Botschaften Ihrer Träume verstehen. Wenn Sie an einer funktionellen Krankheit leiden, haben Sie oft Schwierigkeiten, sich an Ihre Träume zu erinnern. Eine wissenschaftliche Studie über fünf Jahre hat aufgezeigt, daß ein direkter Zusammenhang zwischen Träumen und pathologischen Symptomen besteht. Wenn Sie fähig sind, sich an Träume zu erinnern, sie aufzuschreiben und zu deuten, können Ihre Symptome schwächer werden und sogar verschwinden. Wenn Sie den Sinn eines Traumes nicht gleich verstehen, lesen Sie mehrmals, was Sie aufgeschrieben haben. Träume erzählen Ihre Geschichte. Manchmal sind Träume Vorahnungen und kündigen ein Ereignis an. Das ist durch die Synchronizität der Zeit im Unbewußten möglich.

# 11 Krebs

Heute kann Krebs in vielen Fällen geheilt werden. Die geistige Einstellung erweist sich als wesentlicher Faktor. Menschen, die an Krebs erkranken, müssen sich der Krankheit positiv stellen, anstatt nur ihre negativen Seiten zu sehen. Eine realistische Einstellung kann entscheidend den Fortgang der Krankheit beeinflussen und die Wirkung der Therapie verstärken.

Die weißen Blutkörperchen sind in der Lage, Krebszellen zu zerstören. Durch geeignete Übungen können wir die Produktion von weißen Blutkörperchen steigern, um uns zu schützen und die unerwünschten Zellen zu bekämpfen. Wenn wir hingegen ständig extrem gestreßt sind, reduzieren wir die Effizienz und auch die Menge dieser wertvollen weißen Blutkörperchen. Eine gesunde und ausgewogene Ernährung ist sehr wichtig. Wenn Sie an Krebs erkrankt sind, können Sie durchaus neben der vom Arzt verschriebenen Behandlung versuchen, die Krankheit mental zu bekämpfen. Hier eine in der Sophrologie angewandte Methode:

## *Übung zur mentalen Krebsbekämpfung*

*Setzen Sie sich bequem hin und entspannen Sie sich so tief wie möglich. Konzentrieren Sie Ihre Gedanken auf Ihren Krebs. Versuchen Sie, sich vorzustellen, wie er aussieht und wie ihn die weißen Blutkörperchen umringen wie hungrige Tiger, die sich auf die Krebszellen stürzen. Behalten Sie dieses Bild im Kopf, während Sie immer noch tief entspannt bleiben. Wenn die Vorstellung verblaßt, können Sie langsam den Körper bewegen, tief durchatmen und die Augen öffnen.*

Diese Visualisierungstechnik wird immer mehr bei Krebsfällen angewandt und erweist sich in Verbindung mit einer geeigneten Diät als sehr wirksam. Sie ergänzt chirurgische Eingriffe und andere Behandlungsmethoden. Die hier geschilderte Technik wurde in den USA von Dr. Karl Simonton entwickelt.

Viele Menschen haben panische Angst vor Krebs und sind davon überzeugt, daß sie ihm zum Opfer fallen werden. Die ganze Zeit denken sie an nichts anderes. Sich vorzustellen, daß man krank wird, ist sehr gefährlich und kann zur Entstehung eines Tumors beitragen. Diese Denkweise muß unbedingt verändert werden.

Versuchen Sie, sich so oft wie möglich den Satz „Sage mir, was du denkst, und ich werde dir sagen, wer du bist" zu vergegenwärtigen und üben Sie das positive Denken.

Unsere Vorstellungskraft ist sehr viel stärker als wir glauben. Der Wille entsteht in der linken Hirnhälfte, während die Phantasie ein Produkt der rechten Hirnhälfte ist. Wenn ich Sie zum Beispiel bitte, über einen 50 cm breiten und 12 m langen Balken zu gehen, der auf dem Boden liegt, so ist das für Sie überhaupt kein Problem. Wenn dieser Balken aber in 40 m Höhe zwischen den zwei Türmen einer Kathedrale liegt und ich von Ihnen das gleiche verlange, so ist die Vorgehensweise genau die gleiche, und dennoch... Ihre Phantasie führt Ihnen sofort vor, daß Sie herunterfallen könnten, sich verletzen oder sogar sterben. Diese Suggestion ist so stark, daß Sie sich entweder weigern, sich auf den Balken zu wagen oder es trotz allem tun und auf halber Strecke abstürzen. Lassen Sie nicht zu, daß Ihre Phantasie Ihnen Dinge diktiert und lenken Sie sie in eine positive Richtung.

Wir sind heute sicher, daß es eine direkte Verbindung zwischen Krebs und Streß gibt. Streß ist die körperliche Reaktion auf Spannungen aller Art. Diese Spannungen stehen direkt in Zusammenhang mit unseren persönlichen und beruflichen Problemen, mit Lärm, mit einer künstlichen, raffinierten Ernährung voller chemischer Zusätze. Jedesmal, wenn wir Streß erleben, sinkt die Menge der Antikörper und der weißen Blutkörperchen. Wir sind weniger gut geschützt, unsere natürliche Abwehr, unser Immunsystem, ist geschwächt, die Krebszellen werden nicht mehr zerstört, und am schwächsten Punkt im Körper kann sich ein Tumor entwickeln.

Wir können jetzt besser verstehen:
1. wie Krebs ausgelöst wird,
2. wie unsere Art zu denken Krebs stimulieren oder aufhalten kann,
3. wie Streß die Entwicklung von Krebserkrankungen beeinflußt.

Zur Krebsvorbeugung ist es notwendig, entspannter zu leben und die Probleme so zu sehen, wie sie wirklich sind, und nicht so, wie wir sie sehen. Anstatt beim geringsten Widerspruch angespannt wie ein

Bogen zu sein, sollten wir uns eher spontan entspannen, bevor wir eine Situation in Angriff nehmen.

Eines der Ziele der Sophrologie, vielleicht sogar das wichtigste, ist das Erlernen der natürlichen Entspannung. Wir müssen lernen, genau umgekehrt zu reagieren, wie wir das normalerweise tun. Wenn uns etwas oder jemand attackiert, sollten wir uns sofort entspannen, bevor die Spannungen uns überwältigen und daran hindern, positiv zu handeln, anstatt alle Muskeln im Körper in einer Verteidigungshaltung zusammenzuziehen und aggressiv zu werden.

*Entspannen Sie die Gesichtsmuskeln, lassen Sie die Schultern los und atmen Sie tief durch den Bauch. Das ist ganz einfach.*

Es geht darum, in jeder negativen Situation einen bedingten Reflex zu schaffen, um sofort entspannt zu sein. Man kann dann alle Probleme sehr viel leichter lösen und gleichzeitig die Auswirkungen der durch starken Streß entstehenden Spannungen mildern. Das heißt auch, Krebserkrankungen vorbeugen. Die Gewohnheit, sich sofort und auf natürliche Weise zu entspannen läßt uns allen Situationen des Lebens mit heiterer Gelassenheit ins Auge sehen.

## Ernährung bei Krebserkrankung

Eine natürliche Lebensweise ist eine Möglichkeit, Krebs zu vermeiden. Unsere Ernährung muß verändert werden. Natürliche Nahrungsmittel statt Konserven, Fertiggerichte, vakuumverpackte Nahrungsmittel usw. Die Umweltverschmutzung ist heute allgegenwärtig, so daß es immer schwieriger wird, sich natürliche Nahrungsmittel zu beschaffen. Es ist jedoch möglich, alte Gewohnheiten abzulegen und Nahrungsmittel bewußter auszuwählen. Nicht nur bei der Qualität der Nahrungsmittel müssen wir achtsamer sein, sondern auch unsere Eßgewohnheiten ändern. In unserer modernen Zivilisation schlingen die meisten Menschen ihr Essen hastig hinunter, ohne es ordentlich zu kauen und merken nicht einmal, wie es schmeckt. Manche haben sich angewöhnt, beim Essen fernzusehen, andere reden während der Mahlzeiten unaufhörlich, und viele wissen überhaupt nicht, was sie gerade gegessen haben. So können intensive Streßsituationen ausgelöst werden. Besser wäre es, während der ganzen Mahlzeit das Essen schweigend zu genießen, entspannt und friedlich zu sein, was die Verdauung deutlich verbessert.

Nach allen diesen negativen Betrachtungen möchte ich Ihnen nun ein konkretes Beispiel bringen: Der Schweizer Guy-Claude Bürger ist Mathematiker und Cellist. Eines Tages erfährt er, daß er ein Adenosarkom in der Kehle hat, einen Tumor, der für seine Virulenz bekannt ist. Er wird im Alter von 27 Jahren operiert und ist sich der Schwere seines Falles völlig bewußt. Er weiß, daß sich trotz der Operation Metastasen im ganzen Körper ausbreiten können. Er denkt sich, daß es sehr traurig ist, so jung zu sterben und versucht zu verstehen, warum er diese Krankheit bekommen hat.

Er ist überzeugt davon, daß zwischen seiner Ernährung und dem Krebs ein direkter Zusammenhang besteht. Er ernährt sich wie viele Menschen. Ohne viel darüber nachzudenken, ißt er irgendwas, irgendwie, und er beschließt, seine Ernährung komplett umzustellen. Zunächst beschäftigt er sich mit dem Phänomen des Kochens, denn er denkt zurecht, daß das Kochen die Molekularstruktur der Nahrungsmittel verändert. Er glaubt auch, daß die Gifte in der Ernährung etwas mit dem Krebs zu tun haben und beschließt, sich so zu ernähren wie die Menschheit vor der Entdeckung des Feuers. Eine natürliche Ernährung ohne Kochen erfordert natürliche Produkte ohne Farbstoffe, künstliche Aromen, Zusatzstoffe oder Düngemittel. Die beste Möglichkeit, solche Produkte zu bekommen, ist sie selbst anzubauen. Er kauft einen Bauernhof und kontrolliert rigoros alles, was er ißt. Dank dieser Lebensweise wächst der Krebs nicht weiter und wird schließlich vollkommen geheilt. Für seinen Arzt ist das eine große Überraschung. Er kann das unglaubliche Ergebnis kaum fassen. (Der Mann ist mittlerweile in reifen Jahren, vollkommen gesund und ernährt sich selbstverständlich weiterhin auf natürliche Weise).

Viele Menschen stellen ihre Ernährung um und beziehen ihre Nahrungsmittel von biologischen Bauernhöfen, die natürliche Lebensmittel produzieren. Zahlreiche Krebspatienten wurden gerettet und geheilt, indem sie ausschließlich rohe Nahrungsmittel aßen, Obst und Gemüse aus biologischem Anbau, sehr wenig Fleisch, und das nur von biologisch ernährten Tieren, und Wasser tranken. Diese Diät nennt sich „Instinkttherapie" und erweckt einen Instinkt zum Leben, der durch die heutige unnatürliche Ernährung völlig vernichtet wurde. Mehr über die „Instinkttherapie" erfahren Sie im Kapitel „Ernährung".

Wenn Sie also Krebs haben, gehen Sie nach der herkömmlichen Behandlung folgendermaßen vor:

1. Lernen Sie, Streßzustände durch Entspannung zu vermeiden, indem Sie regelmäßig die sophrologischen Entspannungsübungen machen.

2. Wenden Sie die Methode von Simonton an, die darin besteht, die weißen Blutkörperchen auf die Krebszellen anzusetzen. Dazu stellen Sie sich während der Entspannung vor, daß sie wie ausgehungerte Piranhas oder wilde Löwen auf den Krebs losgehen.

3. Stellen Sie Ihre tägliche Ernährung auf die Instinkttherapie um.

4. Bevor Sie mit dieser neuen Ernährungsform beginnen, bereiten Sie Ihren Körper darauf vor, indem Sie einige Tage nur Wasser trinken.

5. Nehmen Sie eine positive Haltung an. Entdecken Sie Ihre Lebensmotivation!

6. Geben Sie sich nicht der Traurigkeit hin und hören Sie oft klassische Musik, die Ihnen gefällt.

7. Halten Sie beim Fernsehen einen Mindestabstand von 2 m zum Bildschirm ein und sehen Sie sich keine aufregenden Sendungen an.

8. Und schließlich können Sie jeden Morgen zwei Gramm Vitamin C einnehmen.

# 12  Das Rauchen

Ich versuche, Sie zum Aufhören zu bewegen, wenn Sie rauchen. Zwar sind die schädlichen Auswirkungen des Rauchens allgemein bekannt, doch für die richtige Raucherentwöhnung bedarf es einer tiefgreifenden Motivation.

Das stark giftige Nikotin dringt über die Schleimhaut der Zunge direkt ins Blut ein. Dort erhöht es unmittelbar den L.D.L.-Spiegel. Diese „Low Density Lipoproteins" sind einer der schädlichsten Bestandteile des Cholesterins. Sie dringen in die Wände der Arterien ein, setzen sich dort fest und machen sie empfindlicher und brüchiger. Das ist der Beginn der Arteriosklerose, mit allen unangenehmen Folgen, wie zum Beispiel Bluthochdruck, Gehirnblutungen, Herzinfarkten und Angina pectoris. Gleichzeitig zerstört Nikotin die Katecholamine, das sind chemische Botenstoffe zwischen den Neuronen. Wenn die Katecholamine im Gehirn vom Nikotin zerstört werden, verliert der Raucher die Merk- und Konzentrationsfähigkeit, seine Intelligenz.

Zusätzlich zum Nikotin wird regelmäßig Teer aufgenommen, der bei der Verbrennung von Zigarettenpapier entsteht. Teer ist stark karzinogen, er dringt in die Mundschleimhaut, die Bronchien und die Lungenbläschen ein und überzieht sie nach und nach. Der Gasaustausch zwischen Lunge und Blut wird geschwächt, der Sauerstoff wird weniger effizient im Körper verteilt und das $CO_2$ weniger gut ausgeschieden. Jede Zelle leidet unter diesem Sauerstoffmangel, besonders die Gehirnzellen. Wenn das Gehirn nicht ausreichend mit Sauerstoff versorgt wird, verschlechtern sich die geistigen Fähigkeiten und die Intelligenz sinkt. Wenn man bedenkt, daß nur ein Prozent der Neuronen im Gehirn genutzt werden, ist die Schlußfolgerung klar. Was bleibt noch übrig?

Teer führt zu Krebserkrankungen. Wenn man die Haut einer Maus mit Teer einreibt, hat sie nach einer Woche bereits Hautkrebs. Jedes Jahr sterben Tausende von Rauchern an Lungen-, Mund-, Kehlkopf- oder Magenkrebs. Raucherkrebs ist sehr schlimm und im Endstadium äußerst schmerzhaft.

Wenn man nur einige Augenblicke an die Folgen denkt, erweist sich das Rauchen als völlig sinnlos. Zusätzlich zu den bereits angeführten

Veränderungen im Organismus stellt man oft einen hartnäckigen Husten fest, dann eine chronische Bronchitis und eine ganze Reihe anderer Symptome.

Wenn die Motivation zum Aufhören stark genug geworden ist, muß man aber auch verstehen, woher diese Gewohnheit kommt. Sehr oft ist das Rauchen eine symbolische Projektion der oralen Phase der Kindheit, also der Phase, in der das Kind gestillt wird.

Wenn man aufhört, an seinen Zigaretten zu nuckeln, beseitigt man vor allem ein unbewußtes Saugbedürfnis. Dieser Mangel wird oft durch mehr Essen kompensiert. Wenn Sie zu rauchen aufhören, kann es durchaus sein, daß Sie ein wenig zunehmen. Um diese Nebenwirkung zu vermeiden, können Sie zuckerlosen Kaugummi kauen, sich einen Bleistift oder ein Stück Holz zwischen die Lippen klemmen und daran knabbern. Wenn Sie aber am Anfang wirklich zu stark am Nikotinentzug leiden und die Lust zu groß wird, können Sie sich mit Nikotinkaugummi ("Nicorette") in Dosen von 2 mg behelfen, aber nur für kurze Zeit.

Vergessen Sie nicht, daß Nikotin für die Blutgefäße und das Gehirn sehr schädlich ist.

Wenn Sie sich in der Lage fühlen, mit dem Rauchen aufzuhören, stärken Sie auch Ihr Selbstvertrauen. Enttäuschen Sie sich also nicht.

Wenn Sie weniger als zwanzig Zigaretten pro Tag rauchen, können Sie mit Hilfe der Sophrologie sofort ganz aufhören.

### Übung zur Raucherentwöhnung

*Legen Sie sich bequem hin, schließen Sie die Augen und entspannen Sie sich. Wenn Sie dann ganz entspannt sind, stellen Sie sich einen farbigen Bildschirm vor. Die Farbe spielt keine Rolle. Stellen Sie sich mitten in diesem Bild eine Zigarette vor. Während Sie das Bild fixieren, denken Sie an alle Gefahren, die sie für Ihre Gesundheit und sogar für Ihr Leben darstellt. Stellen Sie sich vor, wie das Nikotin unmerklich Ihren Kreislauf und Ihre Gehirnfunktinen zerstört, während gleichzeitig der Teer Ihre Bronchien immer mehr überzieht. Stellen Sie sich vor, wie Ihre Lunge vom Rauchen ganz schwarz wird. Versuchen Sie, sich zu ekeln. Allein schon das Betrachten der Zigarette löst Abscheu in Ihnen aus. Sie bekommen Aggressionen gegen diese Zigarette, die vor sich hin glimmt. In der*

*Phantasie nehmen Sie die Zigarette, löschen Sie aus, zerreißen sie, zerstören sie vollständig und schmeißen sie weit weg. Sie sind so wütend, daß Sie die Absicht haben, alle Zigaretten in Ihrem Besitz wegzuschmeißen. Sie werden auch keine mehr kaufen, denn Sie werden keine Lust mehr haben.*

*Nachdem Sie sich diese Szene in allen Einzelheiten vorgestellt haben, atmen Sie mehrere Male tief ein und aus, dann analysieren Sie Ihre Gefühle. Vielleicht verspüren Sie ein wiedergefundenes Wohlbefinden, auf das Sie um nichts in der Welt wieder verzichten wollen. Bewegen Sie nun die Zehen und die Finger, das Gesicht und die Gliedmaßen. Strecken Sie sich lustvoll und gründlich und öffnen Sie dann die Augen.*

So haben Sie im sophronischen Zustand einen Ekel-Reflex gegenüber Zigaretten und den Wunsch, aufzuhören, programmiert.

Wenn diese Methode nicht beim ersten Mal funktioniert, lassen Sie sich nicht entmutigen. Beginnen Sie von vorn, Sie werden es schaffen.

**Therapie für starke Raucher**

Wenn Sie mehr als eine Schachtel Zigaretten pro Tag rauchen, brauchen Sie noch eine zusätzliche Technik.

Rauchen beruhigt und mildert Spannungen, das stimmt. Aber es ist auch gefährlich. Sie wissen genau, daß Sie zuviel rauchen, wenn Sie Probleme haben oder mit Leuten zusammen sind, die gestreßt sind und auch viel rauchen. Wenn Sie nichts zu tun haben oder allein sind, sind Sie selbst in einem gestreßten Zustand. Das Nikotin neutralisiert die Katecholamine, also Noradrenalin und Dopamin, die bei Streß in größerer Konzentration im Gehirn vorhanden sind. Sie haben jedoch als Botenstoffe zwischen den Neuronen eine sehr wichtige Funktion. Wenn man sie neutralisiert, verliert man einen Teil seiner Intelligenz, das Denkvermögen, die Konzentrationsfähigkeit, wie wir schon gesagt haben.

Wenn Sie ein starker Raucher sind, merken Sie wahrscheinlich gar nicht mehr, wie Sie die meisten Zigaretten anzünden. Sie machen die Geste automatisch, wie ein Roboter, Sie haben einen bedingten Reflex geschaffen. In Ihrer Nervosität ist es für Sie unerläßlich geworden, immer etwas in der Hand und im Mund zu haben, um unbewußt ein verborgenes Bedürfnis nach der Mutterbrust, nach Sicherheit, Geborgenheit und Wärme, zu stillen. Aber anstatt diese Bedürfnisse zu stillen, zerstört das Rauchen den Kreislauf, die Lunge und das Gehirn. Sie müssen beweisen, daß Sie kein Sklave sind, dessen Bedürfnisse stärker sind als sein Wille.

Wenn Sie davon überzeugt sind, daß Rauchen Ihrer Gesundheit wirklich schadet, haben Sie keinen Vorwand mehr, nicht damit aufzuhören. Wenn Sie ein starker Raucher sind, ist es nicht empfehlenswert, plötzlich aufzuhören. Die Gefahr, unbewußt einen Kompensationsmechanismus aufzubauen, ist groß. Erlauben Sie also Ihrem Organismus, sich nach und nach an kleinere Mengen Nikotin zu gewöhnen, um schließlich ganz aufzuhören.

Zur Hilfe bei der Programmierung von kleinen Schritten können Sie folgendermaßen auf Ihr Unbewußtes einwirken:

### *Übung bei starkem Zigarettenkonsum*

*Legen Sie sich hin, schließen Sie die Augen, entspannen Sie Ihren ganzen Körper, beginnend mit dem Gesicht, den Gliedmaßen bis zu den Zehenspitzen. Sie sind völlig entspannt und fühlen sich als Teil dieser Erde, auf der Sie leben. Versuchen Sie, sich die nächsten Tage mit allen Tätigkeiten vorzustellen und sagen Sie sich zum Beispiel: Ich werde während der nächsten zehn Tage nicht vor 10 Uhr vormittags und nach 18 Uhr abends rauchen. Es wird mir überhaupt kein Vergnügen bereiten, vor oder nach dieser Zeit zu rauchen. Während des Tages werde ich mir jede Zigarette ganz bewußt anzünden. Während ich sie rauche, werde ich daran denken, wie schädlich sie für meinen Organismus ist. Wiederholen Sie das mehrere Male. Kehren Sie dann langsam aus Ihrer Entspannung zurück und atmen Sie dabei tief durch. Sie fühlen sich schon viel wohler. Aktivieren Sie wieder alle Muskeln Ihres Körpers, bevor Sie die Augen öffnen.*

Wenn Sie sich Zeit nehmen, diese Entspannungsübung jeden Tag zu machen, wird Sie gut funktionieren. Wenn Sie so mit Ihrem Unbewußten sprechen, wird es Ihnen antworten. Vielleicht können Sie sogar diese zehn Tage verkürzen.

Es ist ganz klar, daß Sie bei diesem Training jedesmal einen Tag abziehen (während der nächsten 9, 8, 7 usw. Tage) und daß Sie die rauchfreien Zeiten nach Ihrem Ermessen bestimmen.

Danach programmieren Sie einen neuen Zyklus von zehn Tagen, für den Sie die rauchfreien Zeiten morgens und abends verlängern (11 und 17 Uhr, 12 und 16 Uhr, usw.). Sie können auch die Zeiten anders einteilen, zum Beispiel nicht vor 9 Uhr, nicht zwischen 14 und 17 Uhr usw. Wenn Sie im Bezug auf die rauchfreie Zeit geschwindelt haben, machen Sie Ihre Entspannungsübungen weiter mit den gleichen Zeiten, bis Sie die rauchfreie Zeit einhalten.

Mit dieser Methode werden Sie es schaffen, wenn Sie wirklich wollen. Verlieren Sie nie die Motivation. Vergessen Sie nicht: Bei starken Rauchern ist das Aufhören eine Frage von Leben und Tod.

Die Wirkung von Nikotin ist die gleiche, egal ob Sie Zigaretten, Zigarren oder Pfeife rauchen. Nikotin dringt direkt über die Zunge in den Körper ein, und es ist nicht nötig, den Rauch zu inhalieren, um sich zu vergiften. Bei Zigarren oder Pfeife vermeidet man wenigstens den Teer aus dem Zigarettenpapier, begrenzt den Krebs also ein wenig, aber alle Schwierigkeiten mit dem Kreislauf sind bei allen drei Formen identisch.

Durch die Sophrologie kann man sich selbst besser kennenlernen, sie stärkt das Selbstvertrauen. Man wird erfahren, daß Willenskraft und vor allem Phantasie stärker als die Abhängigkeit sein können. Jeder kann die Nikotinsucht und auch jede andere Sucht überwinden.

Zusätzlich zu den Entspannungsmethoden hier noch einige praktische Übungen, die nützlich sein können, wenn starke Raucher ihre Sucht bekämpfen wollen.

Um den bedingten Reflex zu durchbrechen, rauchen Sie nur die Zigaretten, die Ihnen wirklich schmecken. Kaufen Sie nur wenige auf einmal, legen Sie die angebrochene Packung in eine verschlossene Dose an einen Ort, wo Sie aufstehen müssen, um sie zu holen. Jedesmal, wenn Sie die Packung in der Hand haben, fragen Sie sich, ob Sie ein lebenswichtiges Bedürfnis befriedigen. Wenn die Antwort negativ ausfällt, zünden Sie die Zigarette nicht an.

Wenn der Automatismus durchbrochen ist, kann man ganz leicht damit beginnen, die Zahl der „notwendigen" Zigaretten zu reduzieren. Dann gibt man genausoviele Zigaretten in die Packung, wie man für den Tag eingeplant hat und nimmt keine anderen an. Stattdessen kann man Kaugummi kauen oder an einem Bleistift knabbern, sollte daraus aber keine neue Gewohnheit machen. Vermeiden Sie es, pausenlos zu essen, um zu kompensieren. Sonst bekommen Sie bald Übergewicht, was auch nicht erfreulich ist.

Zum Abschluß: Wenn Sie ein starker Raucher sind, ist es nicht unbedingt gut, schlagartig aufzuhören, denn wenn die Lust zu stark ist und zu lange andauert, löst das ein Ersatzsyndrom aus, nämlich Aggressivität, Übergewicht oder gar eine Neurose.

Übernehmen Sie also die Methode, die Ihnen persönlich am besten entspricht und halten Sie durch.

Erinnern wir uns daran, daß bei zwanzig Zigaretten täglich die Flimmerhärchen der Bronchien gelähmt werden. Der eingeatmete Staub dringt direkt in die Lunge ein und kommt nicht mehr heraus. Normalerweise entfernen diese Flimmerhärchen Staub und Schmutz aus der Lunge, aber wenn sie gelähmt sind, wird die Schleimhat nach und nach zerstört. Der Gasaustausch kann nicht mehr normal funktionieren, und die Zellen reichern $CO_2$ an. Das letzte Stadium ist dann das Platzen der Lungenbläschen und der Tod. Der Teer, der die Schleimhaut überzieht, blockiert auch teilweise die Sauerstoffversorgung der Zellen. Nachdem wir alle ohnehin oft nur soviel atmen, wie wir zum Überleben brauchen, können Sie sich vorstellen, was bei einem Raucher abläuft.

Ein letzter Punkt erscheint mir wichtig. Als Nichtraucher nehmen wir ebensoviel Rauch auf wie die Raucher, wenn wir in einem Restaurant oder bei Freunden sitzen. Durch das Passivrauchen vergiften die Raucher alle, auch diejenigen, die sich die Mühe gemacht haben, die Luft etwas weniger zu verpesten und aufgehört haben. Mehr und mehr Menschen hören auf, und das ist ermutigend. Immer öfter ist das Rauchen in öffentlichen Gebäuden verboten, es gibt Nichtraucherabteile im Zug und im Flugzeug, und auch in Cafés und Restaurants gibt es jetzt Nichtraucherecken. Das ist schon eine kollektive Anstrengung, um einen Teil der Menschheit vor den toxischen Auswirkungen des Rauchens zu schützen.

# 13 Die Sexualität

Viele sexuelle Probleme entstehen, wenn im Unbewußten das eigene Geschlecht nicht angenommen wird, auch wenn es auf der bewußten Ebene vollständig akzeptiert erscheint. Für eine harmonische, glückliche Sexualität ist es wichtig, ganz mit sich selbst im Einklang zu sein. Wenn die Sexualität verdrängt oder verweigert wird, kann eine Streß-Situation entstehen. Die sexuelle Energie kann kanalisiert werden, um Kreativität oder Spiritualität zu verbessern.

Im sophronischen Bewußtseinszustand ist es möglich, die inneren und äußeren Geschlechtsorgane zu visualisieren und zu akzeptieren.

### Übung zur besseren Annahme des eigenen Geschlechtes

*Setzen oder legen Sie sich (allein) bequem hin und schließen Sie die Augen. Konzentrieren Sie sich auf die Atmung und entspannen Sie sich bei jedem Ausatmen tiefer. Sie haben den Eindruck, daß Sie immer entspannter werden. Jeder Muskel ist ganz locker. Konzentrieren Sie sich dann auf Ihre Geschlechtsorgane und stellen Sie sich die äußeren Geschlechtsorgane vor, mit allen Details, die Sie kennen. Versuchen Sie, sie zu akzeptieren. Machen Sie dann das gleiche mit den inneren Organen – Für Frauen: Spüren Sie mental die Vagina, den Uterus, die Eileiter, die Eierstöcke, und wenn eines dieser Organe operativ entfernt wurde, akzeptieren Sie diese neue Anatomie. Für Männer: Stellen Sie sich Ihre Prostata vor, die Samenbläschen, die Verbindung zwischen den Hoden und den anderen Teilen der Geschlechtsorgane.*

*Erkennen Sie, wie schön es ist, ein Mann (eine Frau) zu sein und Ihre eigene Schönheit zu erfahren. Atmen Sie einige Augenblicke lang ruhig und denken Sie dabei, wie wunderbar Ihre Organe sind. Sie können Leben und Lust spenden.*

*Bewegen Sie dann die Zehen, die Hände, das Gesicht. Strecken Sie sich ganz durch, atmen Sie tief und vollständig durch, glücklich, so zu sein und die (der) zu sein, die (der) Sie sind, und öffnen Sie schließlich die Augen.*

Indem Sie Ihr Geschlecht voll und ganz akzeptieren, erhöhen Sie Ihre Chance, sich ganz zu verwirklichen.

Die meisten sexuellen Probleme haben mit zu starkem Streß zu tun, aber auch mit vergangenen sexuellen Traumata, einer schlechten Sexualtechnik, dem Mangel an Liebe oder auch mit körperlichen Störungen, wie zu niedrigem Blutdruck oder hormonellen Störungen. In den meisten Fällen liegt die Ursache für Impotenz oder Frigidität im Unbewußten.

In der Sexualtherapie besteht die Rolle der Sophrologie darin, die Ursache des Symptoms mit bestimmten analytischen Techniken aufzudekken. Die Erziehung ist sehr wichtig. Die Art und Weise, in der Eltern ihre Kinder aufklären, kann Ursache von sexuellen Störungen beim Erwachsenen sein. Frigidität und Impotenz können aus schwerwiegenden psychischen Problemen im Zusammenhang mit Mutter oder Vater entstehen, bevor sie persönlichere Ursachen widerspiegeln.

Bei sexuellen Problemen geht es darum, zunächst die Dinge in Angriff zu nehmen, darüber nachzudenken und zu versuchen, sie zu verstehen. Das ist der Anfang jeder Therapie.

Eine schwierige sexuelle Beziehung kann bei der Frau durch Frigidität oder Vaginismus verursacht sein, oder durch Impotenz oder Ejaculatio praecox (frühzeitiger Samenerguß) beim Mann.


**Frigidität**


In den meisten Fällen ist sie ein sekundäres, nicht ein primäres Phänomen. Die Hauptursachen können die unbewußte Ablehnung des eigenen Geschlechtes oder dessen des Partners sein, schwerwiegende psychologische Probleme in Verbindung mit Mutter- oder Vaterthemen, ein unpassender Partner, Traumata aus der Jugend, wie Vergewaltigung, eine schlechte erste sexuelle Erfahrung usw., und oft auch die Erfahrung von Sexualität ohne Liebe. Diese letzte Ursache ist sehr wichtig. Eine sexuelle Beziehung ohne Liebe kann zwar ein angenehmes Gefühl auslösen, führt aber nicht zu einem – im sophrologischen Sinne – „wirklichen" Orgasmus. Dieser wird begleitet von einer tiefgreifenden Veränderung des Bewußtseinszustandes mit Gamma-Wellen und hat dadurch oft therapeutische Wirkung.

Je mehr wir von Sex sprechen, desto tiefgreifender sind unsere sexuellen Schwierigkeiten. Es ist interessant, festzustellen, daß in unserer westlichen Gesellschaft die drei wichtigsten Gesprächsthemen Geld,

Beruf und Sex sind. Vieles wird mit Sex in Verbindung gebracht: Kosmetik, Parfums, Tanzen, die Art sich zu bewegen, die Stimme, Töne und sogar Autos.

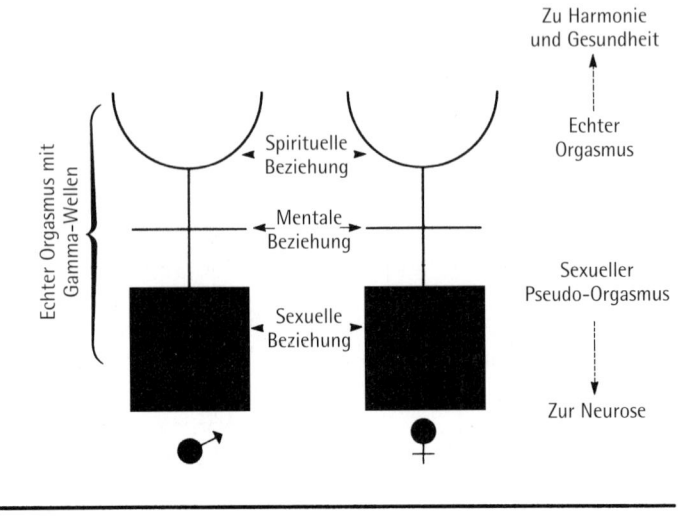

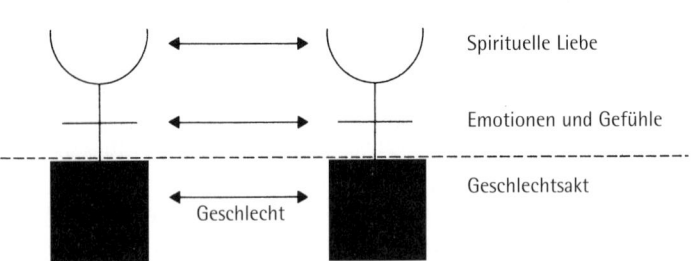

Wir beobachten zur Zeit, daß die Geschlechtsreife immer früher eintritt. Junge Mädchen treten schon mit 10 oder 11 Jahren in die Pubertät ein, während dies früher nicht vor 14 bis 15 Jahren der Fall war. Diese Frühreife hängt mit der Verunsicherung, in der wir leben, zusammen. Durch diese Unsicherheit wird die Zahl der Hormone in der Schilddrüse während der Kindheit erhöht und löst so eine verfrühte sexuelle Reife aus. Dieser Mangel an Sicherheit wird von der Natur durch eine Erhöhung der Fortpflanzungsmöglichkeiten kompensiert.

## Vaginismus

Vaginismus ist eine starke Kontraktion der Vagina, die jede Penetration unmöglich macht. Dieses Symptom ist ziemlich häufig und hat ausnahmslos psychische Ursachen. Es kann mit der Sophrologie relativ leicht geheilt werden. Vaginismus entspricht einer totalen Verweigerung des Phallus. Im allgemeinen finden wir als Ursache dieses Symptoms ein sexuelles Trauma in der Vergangenheit. Jeder Fall muß individuell analysiert werden, Verallgemeinerungen sind nicht möglich. Wenn Sie unter diesem Symptom leiden, lernen Sie zunächst, Ihre Scheidenmuskulatur zu beherrschen und zu entspannen. Akzeptieren Sie Ihr Geschlecht vollkommen. Vor dem Einschlafen, in der Phase zwischen Wachsein und Schlaf, konzentrieren Sie sich auf Ihr Geschlecht, entspannen Sie Ihre Geschlechtsorgane vollständig, stellen Sie sich vor, wie Ihre Vagina schmiegsam und elastisch ist. Stellen Sie sich vor, daß Sie in der Lage sind, sich mit jemandem zu vereinigen. Installieren Sie dieses Programm in Ihrem Unbewußten.

## Impotenz/Vorzeitiger Samenerguß

Totale Impotenz hängt entweder mit hormonellen Störungen oder mit psychologischen Problemen zusammen. Selten hat sie körperliche Ursachen. Totale Impotenz ist sehr schwer heilbar.

Die Situation stellt sich bei Ejaculatio praecox völlig anders dar. Diese Art der Impotenz ist weitverbreitet und betrifft sehr viele Männer. Die Behandlung ist relativ einfach. Die Ursache liegt entweder im psychischen Bereich oder in einem bedingten Reflex, den es zu durchbrechen gilt. Die amerikanischen Sexualforscher Masters & Johnson haben mit der sog. „Squeeze Therapy" sehr gute Ergebnisse erzielt. Es gibt jedoch auch andere Methoden zur Bekämpfung dieses Symptoms. Natürlich kann hier nicht auf alle Einzelheiten dieser Methoden eingegangen werden. Die Behandlung muß an die individuelle Situation angepaßt werden, denn jeder Fall ist anders, und auch die psychologischen Probleme sind nicht bei allen gleich. Die vollständige Geschichte

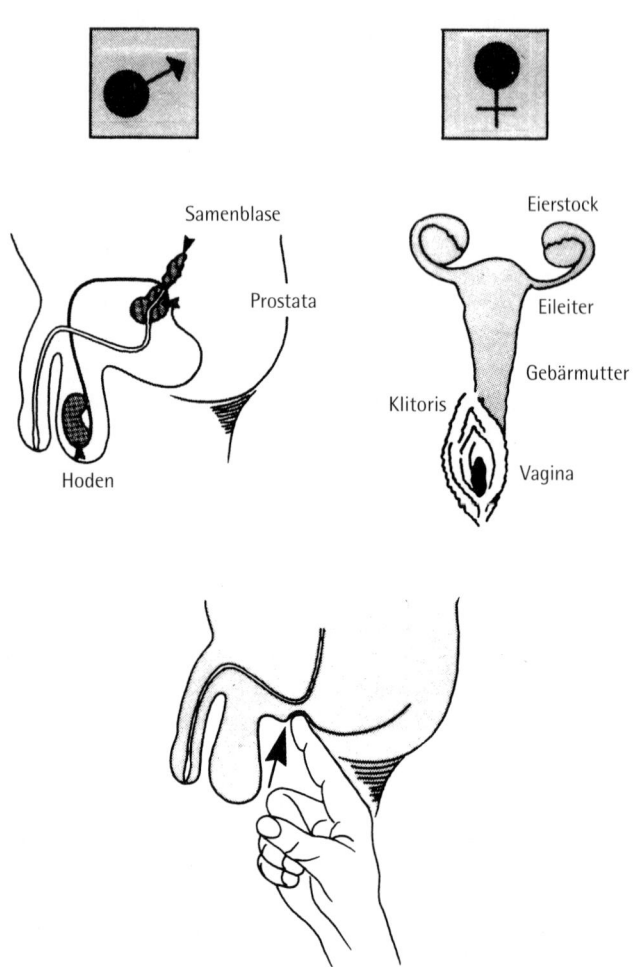

(Anamnese) eines Patienten kann oft die Ursache einer Ejaculatio praecox erklären. Die Therapie umfaßt sowohl die physische als auch die geistige Ebene.

Ich kann Ihnen eine chinesische physische Technik vorstellen, mit der die Ejaculatio praecox unmittelbar unter Kontrolle gebracht werden kann. Diese körperzentrierte Vorgehensweise dringt nicht zur psychologischen Ursache der Störung vor, kann aber eine erste Hilfe darstellen.

Wenn Sie die Geschlechtsorgane betrachten, sehen Sie, daß der Kanal, durch den das Sperma von den Samenblasen zum Penis transportiert wird, direkt unter der Haut liegt, und zwar hinter den Hoden. Wenn Sie merken, daß Sie ejakulieren werden, hören Sie auf, sich zu bewegen und drücken Sie fest mit den Fingern auf diesen Kanal, bis zum Knochen. Dadurch stoppen Sie den Spermafluß. Warten Sie nun einige Sekunden, bevor Sie wieder anfangen, sich zu bewegen. Wenn Sie merken, daß der Orgasmus kommt, drücken Sie fest auf den Kanal, indem Sie mit den Fingern senkrecht direkt hinter den Hoden daraufdrücken. Bei dieser Technik fließt ein Teil des Spermas in die Samenblase zurück. Eine ganz kleine Menge Sperma kann aus dem Penis fließen. So können Sie unmittelbar Ihre Ejakulation kontrollieren, indem Sie einfach mit dem Finger auf den Samenkanal drücken und dadurch eine Sperre errichten.

Sophrologisch können Sie sich eine künftige Situation ganz klar vorstellen und Ihr Unbewußtes in diese Richtung programmieren. Üben Sie regelmäßig.

### Übung gegen vorzeitigen Samenerguß

*Legen Sie sich hin, schließen Sie die Augen und beginnen Sie, sich nach und nach zu entspannen, den ganzen Körper, vom Kopf bis zu den Füßen. Wenn Sie gut entspannt sind, spüren Sie vielleicht, wie Ihr Körper schwer wird, als wollte er bis zum Erdmittelpunkt einsinken. Stellen Sie sich Ihren Körper vor, Ihr Geschlecht. Akzeptieren Sie es. Denken Sie, daß Sie in der Lage sein werden, Ihre Ejakulation total zu beherrschen. Sehen Sie sich an. Sie beherrschen vollkommen alle Teile Ihres Körpers. Sie nützen die Möglichkeiten Ihres Gehirnes besser. Sie sehen wie Sie in Wirklichkeit Ihre Sexualität vollkommen unter Kontrolle haben. Dadurch programmieren Sie Ihr Gehirn für die Zukunft.*

*Dann behalten Sie wie üblich die Augen geschlossen und beginnen, die Zehen, die Hände, die Finger, das Gesicht zu bewegen. Strecken Sie langsam alle Glieder, schlucken Sie, atmen Sie mehrere Male tief durch und öffnen Sie dann die Augen.*

Wenn Sie diese Übung regelmäßig mindestens zehn Minuten lang machen, speichern Sie ein positives Programm für Ihr Problem. Sie werden über den Erfolg erstaunt sein.

Der Sexualität wird oft zu viel Bedeutung beigemessen. Ein gutes sexuelles Gleichgewicht ist jedoch wichtig, und die Sexualität ist gut für die Gesundheit. Wie bereits gesagt, kann eine zu starke Betonung der materiellen Aspekte zu Neurosen und zahlreichen anderen Problemen führen. Wenn Sie Ihren Partner attraktiv und schön finden und Ihre Sexualität auf einer großen Liebe beruht, stellt Sie einen wunderbaren Teil Ihres Lebens dar. Sie hat dann präventive und therapeutische Wirkung.

Die Sexualenergie, eine Lebensenergie, die von Freud als Libido bezeichnet wurde, können wir in verschiedenen Richtungen nutzen und kanalisieren: zur künstlerischen Kreativität und Spritiualität, für Religionen, Mystik und auch für die Arbeit. Wenn Sie Ihre Arbeit leidenschaftlich lieben, investieren Sie automatisch einen Teil Ihrer Libido in die Arbeit. Eine andere Art, mit dieser Energie umzugehen, ist die Aggressivität. Häufig hängt Aggressivität mit der Frustration der Libido zusammen. Die meisten Menschen verlieren nach dem Orgasmus ihre gesamte Aggressivität. Eine ausgewogene sexuelle Energie ist notwendig für unsere innere Harmonie und unser Gleichgewicht.

# 14 Schwangerschaft

Die Schwangerschaft ist eine wunderbare Zeit und sollte zu einer positiven Erfahrung werden, indem Streßsituationen weitgehend vermieden werden. Alle chemischen Veränderungen im Körper durch zu großen Streß wirken auch auf den Fötus und können Probleme für seine Zukunft schaffen. Das Gehirn arbeitet ab dem vierten Schwangerschaftsmonat, und alle von der Mutter erlebten Gefühle haben Auswirkungen auf das Kind. Zwischen Kind und Mutter gibt es nach der Geburt und noch während der nächsten Jahre eine sehr innige Beziehung. Vom Moment seiner Zeugung an braucht dieses Wesen Liebe und Zärtlichkeit.

Hier eine Übung für schwangere Frauen zur Vorbereitung des neuen Lebens.

### Übung für die Entspannung in der Schwangerschaft

*Legen Sie sich bequem auf den Rücken, schieben Sie ein Kissen unter die Knie und ein zweites in den Nacken, schließen Sie die Augen und versuchen Sie, sich vollkommen zu entspannen. Entspannen Sie alle Muskeln: das Gesicht, den Nacken, die Brust, den Bauch, die Arme und Beine. Entspannen Sie den Bauch besonders gut. Denken Sie daran, wie wunderbar es ist, schwanger zu sein, Leben in sich zu tragen. Sie erleben wunderbare und einzigartige Monate. Versuchen Sie nun, mit Ihrem Baby zu kommunizieren. Sprechen Sie mit ihm, sagen Sie ihm zärtliche Worte. Sie sind so glücklich und stolz, seine Mutter zu werden. Durchdringen Sie es mit Liebe, mit viel Liebe. Begreifen Sie Ihr Glück.*

*Dann bewegen Sie langsam die Zehen und die Finger, strecken Sie sich und gähnen Sie dabei, und öffnen Sie dann die Augen.*

Diese Entspannungsübung können Sie bis zum Ende der Schwangerschaft machen. Sie geben so Ihrem Kind Ihre ganze Liebe, und das Kind spürt dies lange vor seiner Geburt.

Um eine Frau auf die Entbindung vorzubereiten, gibt es mehrere Methoden. Bei vielen Techniken beginnt man erst im siebten Schwangerschaftsmonat mit dem Üben – das ist viel zu spät.

In der Sophrologie beginnen wir so früh wie möglich mit der Vorbereitung, also sobald die Schwangerschaft diagnostiziert wird. Es ist sehr wichtig, daß sich die Mutter von Anfang an voll für die Schwangerschaft und die Geburt des Kindes verantwortlich fühlt und daß diese der glücklichste Moment ihres ganzen Lebens wird. Während dieser Monate muß sie sich gut vorbereiten, damit ihre Entbindung positiv abläuft. Es ist falsch, zu behaupten, daß die Geburt „schmerzlos" sein wird. Entbindungen sind schmerzhaft, aber der Schmerz ist nicht negativ und wird völlig unwichtig, wenn er akzeptiert und beherrscht wird. Mit einer guten Vorbereitung durch eine spezielle sophrologische Methode lernt die Mutter, den bei der Entbindung schmerzempfindlichsten Bereich, nämlich den Gebärmutterhals, ganz oder teilweise schmerzunempfindlich zu machen.

Wenn eine schwangere Frau früh genug mit der Vorbereitung beginnt, kann sie für die Geburt ihres Kindes die Verantwortung übernehmen und ihre Entbindung ganz in die Hand nehmen. Natürlich muß der Gynäkologe oder die Hebamme da sein, aber sie sollten nur bei Komplikationen eingreifen. Die meisten Entbindungen laufen ganz normal ab. Am Ende der Phase der Erweiterung des Gebärmutterhalses hat eine normale Wehe einen Druck von ungefähr fünfzehn Kilogramm. Zu diesem Zeitpunkt ist es ungünstig, wenn die Frau auf dem Rücken liegt, denn diese Position neutralisiert die Kraft dieser Wehe, anstatt sie nach außen zu verstärken. Auf dem Rücken liegend kann die Frau die natürliche Bewegung nicht nutzen und muß ihre eigene Kraft zum Pressen einsetzen. In hockender oder sitzender Lage hingegen verstärkt das Gewicht des Kindes diesen Druck noch um drei bis vier Kilogramm, und die Wehe hat mehr Wirkung. Die Geburt geht rascher und natürlicher, und das Kind leidet weniger.

Doktor Feijoo hat wissenchaftlich bewiesen, daß ein Fötus mit viereinhalb Monaten bereits alles hören kann. Dazu hat er einen Lautsprecher auf den Bauch einer schwangeren Frau gestellt. Ein spezieller tiefer Ton, immer der gleiche, wurde an fünf aufeinanderfolgenden Tagen je dreimal wiederholt. Nach der Geburt wurde der Ton gespielt, sobald das Kind zu schreien begann. Es hörte sofort auf zu weinen und lächelte. Es erfolgte eine Regression in den Mutterleib, wo es den Ton während der Schwangerschaft gespeichert hatte. Es gilt also als sicher, daß schwangere Frauen nur sanfte Musik hören sollten, klassische Musik zum Beispiel, kann einen positiven Einfluß auf das ungeborene

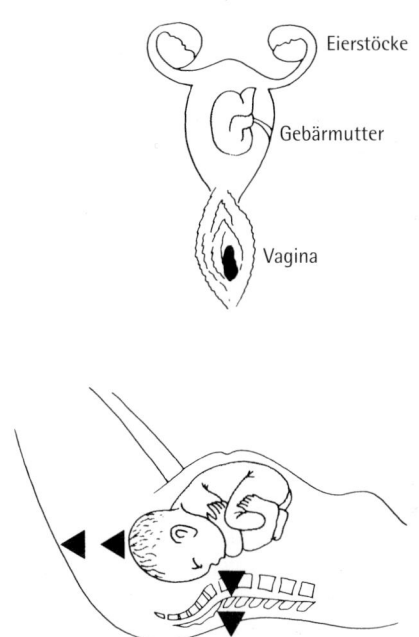

Eierstöcke

Gebärmutter

Vagina

Gewicht des Kindes

Ungünstigste Geburtslage

Wesen und auch auf den Menschen haben. So können auch Vater und Mutter klar und deutlich mit ihrem zukünftigen Kind sprechen, und es wird ihre zärtlichen Worte hören. Bei der Geburt kann das Kind sehr schnell die Stimmen seiner Eltern erkennen, weil es sie gespeichert hat. So können sie es beruhigen und seine Ängste beschwichtigen.

Ich habe sehr viele Frauen auf die Geburt vorbereitet. Eines Tages stellte ich die Methode einer Gruppe von Ärzten vor. Die Patientin, selbst Ärztin, war im achten Monat schwanger. Ich machte mit ihr eine progressive Sophro-Akzeptation, das heißt, die Frau stellte sich im sophronischen Zustand ihre ganze Entbindung vor. Alles ging gut, sie „sah" den Ablauf ihrer bevorstehenden Entbindung, die Geburt und ihr Kind, einen wohlgeformten kleinen Jungen. Ein Jahr später kam sie wieder zu mir in den Kurs und erzählte mir von ihrer wunderbaren Erfahrung.

Die Entbindung war genauso verlaufen, wie sie es sich während der Sophronisation vorgestellt hatte. Ihr Sohn war inzwischen zehn Monate alt. Ich bat sie, am nächsten Tag das Kind mitzubringen, um zu zeigen, wie man die Sophrologie bei Kleinkindern anwenden kann. Sie war einverstanden, warnte mich aber, er sei sehr schüchtern und habe Angst vor Unbekannten. Vielleicht würde er beim Anblick von vierzig Ärzten weinen. Am nächsten Tag kam sie in den Vorlesungssaal, und das Kind fing sofort an zu schreien, als es so viele Menschen sah. Ich ging zu ihm hin, sprach leise mit ihm und fragte, warum er so erschrocken sei. Er hörte sofort auf zu weinen und begann zu lächeln. Unbewußt hatte er meine Stimme erkannt, die er ein Jahr zuvor im Bauch seiner Mutter gehört hatte.

Nach drei Schwangerschaftsmonaten ist der Fötus schon vollständig geformt, sein Körper und auch seine Geschlechtsorgane sind komplett. Um zu wissen, ob ein Kind körperlich normal ist, kann man heute einen Ultraschall oder eine Fruchtwasseruntersuchung machen. Aber es gibt auch eine sophrologische Methode, um das zu überprüfen. Diese Technik wird nur unter Aufsicht eines Sophrologen gemacht. Er sagt:

„Entspannen Sie sich so tief wie möglich und schließen Sie die Augen. Konzentrieren Sie sich auf Ihre Atmung und denken Sie bei jedem Einatmen „Ruhe." Denken Sie nicht mehr an Ihre Umgebung, versuchen Sie, sich Ihres Körpers bewußt zu werden, durchdringen Sie ihn. Reisen Sie in Ihr Inneres, bis Sie zum Fötus kommen. Sie sind so glücklich, schwanger zu sein, Leben geben zu können. Versuchen Sie, Ihr ungeborenes Kind zu sehen. Untersuchen Sie es ganz. Sie können seine Form sehen, alle Einzelheiten seines Körpers, sogar sein Geschlecht. Dann, wenn Sie wollen, atmen Sie tief durch, strecken Sie sich und öffnen Sie die Augen".

Im sophronischen Bewußtseinszustand kann eine schwangere Frau tatsächlich das ungeborene Kind in ihrem Bauch sehen. Sie sieht es vollständig. Rational gesehen erscheint das unmöglich, aber wir wenden diese Methode sehr erfolgreich an.

Im letzten Schwangerschaftsmonat ist die Frau gut auf die Geburt ihres Kindes vorbereitet, wenn sie regelmäßig die sophrologischen Übungen gemacht hat. Sie ist für die Entbindung bereit, und der Sophrologe kann mit ihr eine progressive Sophro-Akzeptation (SAP) machen. Durch die Sophrologie kann die werdende Mutter sich die Situation im vorhinein vorstellen und diese erfahren. Wenn die Patientin völlig entspannt ist und sich im sophronischen Bewußtseinszustand befindet, sagt der Sophrologe zu ihr:

„Sie sind jetzt für die Entbindung bereit. Sie sind zu Hause und spüren die erste Wehe, aber das geschieht nur in Ihrem Geist. Während dieser Übung geschieht mit Ihrem Körper keinerlei Veränderung. Sie sind bereit, in die Klinik (ins Krankenhaus) zu fahren. Ihr Mann bringt Sie mit dem Auto (oder mit dem Taxi) hin. Sie kommen in Ihr Zimmer, Sie sind entspannt und ruhig. Jedesmal, wenn Sie eine Wehe verspüren, entspannen Sie sich noch tiefer. Nun sind Sie im Entbindungsraum, der Gebärmutterhals ist völlig schmerzfrei. Sie sind glücklich und bereit, diese Geburt freudig zu erleben. Es ist einer der schönsten Augenblicke in Ihrem Leben als Frau."

Dann beschreibt der Sophrologe die verschiedenen Phasen der Entbindung bis zur Geburt. Die Mutter sieht ihr Kind auf ihrem Bauch, sie nimmt es in ihre Arme und drückt es an sich.

Dann hilft ihr der Sophrologe, sich das Phänomen des Milcheinschießens vorzustellen, wie sie das Kind stillen kann und die Freude, als sie mit ihm nach Hause kommt.

Die Patientin nimmt sich nun ausreichend Zeit, aus dieser sophronischen Entspannung zurückzukehren, bevor sie die Augen öffnet.

Im allgemeinen strahlt sie vor Freude und hat gar keine Angst mehr. Sie weiß, wie die Entbindung ablaufen wird, sie hat es erlebt, und sie freut sich darauf, sie tatsächlich zu erleben.

# 15 Die Geburt

Wenn sich die werdende Mutter während der Schwangerschaft mit Hilfe der Sophrologie vorbereitet, kann sie die Verantwortung für den guten Verlauf der Entbindung übernehmen. Sie hat die Erfahrung der Geburt mental schon gemacht und weiß, wie sie den Schmerz unter Kontrolle halten kann. Sie kann sich während der Wehen entspannen und ist psychisch bereit, ihr Kind freudig in Empfang zu nehmen.

Damit das Kind während der Geburt so wenig wie möglich leidet, muß alles getan werden. Wenn die Schwangerschaft, die Entbindung und die ersten vier Monate nach der Geburt normal verlaufen, kann man annehmen, daß dieses Kind sein ganzes Leben lang in gutem Gleichgewicht ist, auch wenn es später mit zahlreichen Problemen konfrontiert wird. Ein totales Annehmen des Kindes während der Schwangerschaft und der Entbindung, das Stillen des Kindes solange wie möglich, viel Liebe vor, während und nach der Geburt, eine gute Ernährung und viel Freude sind die Grundlagen dafür, daß das Kind ein gutes Leben haben wird. Sie können sich vorstellen, welche Verantwortung Mutter und Vater, Arzt und Hebamme haben. Jeder Irrtum während dieser Zeit kann Probleme verursachen, die später zu Krankheiten führen, in der Pubertät und später beim Erwachsenen.

Die ersten Minuten im Leben eines Menschen sind eminent wichtig. Sobald das Kind geboren ist, nimmt es die Mutter und legt es auf ihren Bauch. Sie beginnt sofort, mit ihm zu sprechen. Vater und Mutter sprechen zärtliche Worte zu ihm, alle anderen Personen im Raum schweigen. Während der ganzen Entbindung herrscht völlige Ruhe. Das Licht ist gerade stark genug, um zu überwachen, was geschieht. Völlige Dunkelheit wäre ideal, aber Sicherheit hat Vorrang, und aus diesem Grund ist ein sanftes Licht notwendig. Leise Musik kann für alle wohltuend sein, sie muß jedoch vorher von der Mutter ausgesucht werden. Die Eltern streicheln ihr Kind ganz sanft. Die Nabelschnur wird erst durchtrennt, wenn sie nicht mehr pulsiert. So kann der Übergang der Atmung auf die Lunge in aller Ruhe und progressiv vor sich gehen. Wird die Schnur nicht mehr gebraucht, sollte sie am besten vom Vater durchtrennt werden.

Das Neugeborene bleibt eine Weile auf dem Bauch der Mutter und beginnt dann an der Brust zu saugen. Die Flüssigkeit, die jetzt ausgeschieden wird, das sog. Kolostrum, ist reich an Antikörpern und schützt das Kind vor Mikroben und Viren.

## Schmerzbewältigung bei der Geburt

Um das traumatische Erlebnis der Geburt für Mutter und Kind zu lindern, hilft die Sophrologie mit Übungen zur Schmerzbewältigung bei der Geburt.

Ich erinnere mich an einen Fall, der beweist, wie präzise unser Geist funktioniert. Ich sollte eine Frau auf einen Kaiserschnitt ohne chemische Anästhesie vorbereiten. Wir hatten nicht viel Zeit und mußten uns beeilen. Frau P.C. erreichte sehr rasch den sophronischen Bewußtseinszustand, denn sie war gut vorbereitet und hatte großes Vertrauen.

Ich begann damit, ihr die verschiedenen Bereiche des Bauchraumes zu beschreiben, die sie gefühllos machen mußte. Ich sprach von der Haut, den Muskeln, dem Darm, dem Uterus und beschrieb in allen Einzelheiten die Bereiche, die ganz gefühllos, wie Leder, werden sollten. Sehr rasch war sie so weit, daß man auf ihrem Bauch alles machen konnte, ohne daß sie Schmerz verspürte. Ich war sehr zufrieden mit dem Ergebnis und sagte, sie sei bereit für den Eingriff. Ich gab dem Chirurgen das sogenannte „Zeichen", und wir erzielten die gleiche Anästhesie, indem man der Patientin die Hand auf die Stirn legte und dabei sagte: Entspannen Sie sich. Das ist einfach ein bedingter Reflex. Er begann mit der Operation, und alles ging gut, bis er die Blase beiseiteschob, um den Uterus freizulegen. Die Blase war schmerzempfindlich, und wir mußten eine Lokalanästhesie vornehmen, während alle anderen Organe völlig unempfindlich waren. Ich hatte während der Vorbereitung einfach vergessen, von der Blase zu sprechen!

Um den Schmerz zu beherrschen, können auch Tricks wie Ablenkung verwendet werden. Ein bekanntes Beispiel ist die Methode in der Geburtsvorbereitung von Dr. Lamaze. Während der schmerzhaften Wehen, bittet er die Frauen zu hecheln. Die Frauen konzentrieren sich auf diese Atmung so sehr, daß sie vom Schmerz abgelenkt werden und diesen viel weniger spüren. Diese Technik wird seit 1954 verwendet, wir haben sie aber in der Sophrologie abgeschafft, weil der Fötus durch diese oberflächliche Atmung nicht genug Sauerstoff bekommt.

In unserer sophrologischen Schule haben wir die Hechelatmung durch eine andere Atmung ersetzt. Die Frau konzentriert sich auch auf die Atmung, macht aber während der Wehe einen sehr tiefen Atemzug. Sie atmet am Anfang der Wehe so viel Luft wie möglich ein (sie füllt den Bauch – die Brust – die Schultern mit Luft) und begleitet die Bewegungen des Uterus durch ein sehr langsames Ausatmen mit leicht geöffneten Lippen, bis die Lunge völlig leer ist.

Bei dieser Technik funktioniert die Ablenkung auch, aber der Fötus bekommt viel Sauerstoff und leidet nicht. Die Frau verspürt auch weniger Schmerzen.

### Pflege des Neugeborenen

Wenn der Vater gemeinsam mit seiner Frau die Vorbereitungskurse besucht hat, kann er das Kind auch baden. Er streichelt das Baby im Wasser und imitiert dabei die Kontraktionen der Gebärmutter. Dies ermöglicht dem Kind eine Regression in den Mutterleib, mit dem einzigen Unterschied, daß es jetzt mit seiner eigenen Lunge atmet. Es beginnt, seinen Körper zu berühren und erfährt die wesentlichen Sinne, wie den Tastsinn, das Sehen und Hören. Es befriedigt die narzißtische Phase, die bereits zum Teil in der Gebärmutter erfüllt wurde. Erst nach dem Bad, das ziemlich lange dauern kann, wird das Baby angezogen. Der Vater bringt es dann der Mutter zurück, und das Bettchen bleibt ständig neben ihrem Bett. Nur wenn Besuch kommt, wird es hinausgeschoben. Das Neugeborene soll während der ersten Lebenstage nicht von der Mutter getrennt werden.

Die Beschreibung der Geburt und der darauffolgenden Tage gilt natürlich nur für eine normale Entbindung. Bei Komplikationen oder bei einem chirurgischen Eingriff ist die Situation anders. Bei sehr wenigen Geburten gibt es Komplikationen, die ein ärztliches Eingreifen erfordern, zumindest sollte sich dies auf Ausnahmefälle beschränken.

Während der Geburtsvorbereitung werden die Mütter zum Stillen motiviert. Es ist die (im übrigen angenehme) Pflicht einer Mutter, ihr Kind zu stillen, und fast alle sind dazu in der Lage. Muttermilch ist die einzig akzeptable Nahrung für Neugeborene. Ihre Qualität ist unvergleichlich, sie ist reich an Antikörpern und schützt das Kind vor Infektionskrankheiten. Es gibt kein einziges Produkt, das die gleiche Qualität hätte; Ersatzprodukte enthalten keine Antikörper. Die Zusammensetzung von Kuhmilch ist für Kälber ausgezeichnet, aber sie kann auf gar keinen Fall die Muttermilch ersetzen, deren Zusammensetzung von Frau zu Frau variiert und genau den Bedürfnissen des Kindes entspricht.

Wenn eine junge Frau Schwierigkeiten beim Stillen hat, weil sie zuwenig Milch hat, kann sie die folgende Übung machen:

### Übung für besseren Milchfluß

*Legen Sie sich hin und schließen Sie die Augen. Entspannen Sie Ihren Körper wie gewohnt. Beginnen Sie mit der Stirn, dem Gesicht, dem Nacken, den Armen, der Brust, dem Bauch, den Beinen und Füßen. Denken Sie besonders an Ihre Brüste. Stellen Sie sich Ihre Brüste vor. Sie werden warm, immer wärmer. Diese Wärme nimmt immer mehr zu und bleibt lange nach der Entspannung noch erhalten. Sie spüren die Wärme, und gleichzeitig fühlen Sie ein leichtes Ziehen in den Brüsten. Die Milchproduktion nimmt zu. Sie haben immer mehr Milch, genug Milch für Ihr Kind. Sie vertrauen voll auf die Fähigkeit, Ihr Kind stillen zu können. Das Wärmegefühl nimmt weiter zu, und wenn Sie die Entspannung beenden, bleibt es noch einige Stunden. Spüren Sie bewußt, wie die Wärme Sie durchdringt. Dann bewegen Sie langsam die Zehen, die Hände, das Gesicht. Strecken Sie sich, atmen Sie tief durch und öffnen Sie die Augen.*

Die Wärme begünstigt das Aufsteigen der Milch. Sie können sich also jedesmal vor dem Stillen so entspannen.

Hier noch eine weitere Technik:

*Versetzen Sie sich in den sophronischen Bewußtseinszustand, indem Sie Ihren ganzen Körper entspannen. Stimulieren Sie Ihre Phantasie. Konzentrieren Sie sich auf die Hypophyse. Diese kleine Drüse ist sehr wichtig, sie liegt tief eingebettet unter dem Gehirn, zwischen den Augenbrauen, hinter der Mitte der Stirn. Sie schüttet ein Hormon aus, welches für die Milchproduktion verantwortlich ist. Dieses Hormon, das sogenannte Prolaktin, kommt aus dem Vorderlappen der Hypophyse und stimuliert die Milchsekretion. Stellen Sie sich vor, wie dadurch die Milchdrüsen angeregt werden.*

*Dann stellen Sie sich vor, wie Sie Ihr Kind stillen. Sie haben viel Milch, die ihm guttut. Betrachten Sie Ihr Baby, wie glücklich es in Ihren Armen aussieht. Denken sie, daß Sie ihm durch die Milch Ihre Liebe zukommen lassen. Sie sind stolz darauf, Mutter zu sein und Ihren Sohn (oder Ihre Tochter) stillen zu können. Halten Sie dieses Bild einige Augenblicke lang fest. Erst wenn Sie es richtig erlebt haben, können Sie langsam aus der Entspannung zurückkehren, wie gewohnt.*

Sie können diese Entspannungsübung mehrmals täglich machen und sich dabei die Wärme und die beschriebenen Bilder vorstellen. Dadurch wird Ihre Milchproduktion sicher besser.

Die Geburt ist für das Kind immer ein traumatisches Erlebnis. Alle Gehirnfunktionen existieren bereits im Mutterleib. Alles ist unbewußt, aber dennoch aktiv. Es sieht, hört und verspürt Gefühle. Es weiß nicht, was es sieht, hört oder fühlt. Es hat Emotionen und kann leiden. Wenn die Geburt normal verläuft, in entspannter und ruhiger Umgebung, ist der Streß nur schwach und wird keine starken Spuren in seinem künftigen Leben hinterlassen. Wenn die Geburt jedoch mühsam ist und unter schlechten Bedingungen vor sich geht, erlebt das Kind einen so starken Streß, daß einige Jahre später ein Symptom auftreten kann, das in direktem Zusammenhang mit dem Geburtstrauma steht.

Der übermäßige Streß beim Eintritt ins Leben hat oft spätere Auswirkungen, bzw. Krankheiten zur Folge. Eine Therapie beseitigt diesen Geburtsstreß. Es gibt verschiedene Psychotherapien, wie zum Beispiel das „Rebirthing" (Wieder-Geborenwerden) nach Orr, oder die Urschreitherapie von Janov. In der Sophrologie verwenden wir die sog. „Sophromnesie".

Im sophronischen Bewußtseinszustand verliert man völlig das Gefühl für Zeit und Raum. Man erlebt eine perfekte Synchronizität der Zeit. Vergangenheit, Gegenwart und Zukunft werden einfach zur Gegenwart. In diesem Zustand, „am Rande des Schlafes" fordern wir den Patienten auf, ein Buch zu betrachten, das vor ihm liegt und die Geschichte seines Lebens erzählt. Jede Seite stellt einen Tag in seiner Existenz dar. Beim Umblättern der Seiten ist er in der Lage, emotional mehrere Ereignisse aus seiner Vergangenheit zu erleben. Auf der ersten Seite angelangt, bitten wir den Patienten, zu versuchen, diesen Augenblick der Geburt noch einmal zu erleben, als fände er „hier und jetzt" statt. Diese Erfahrung soll keine Spuren hinterlassen und keinerlei Einfluß auf sein künftiges Leben haben. Oft leidet der Patient sehr, er schreit, er erstickt fast, er erlebt seine Geburt wie eine Realität. Diese Methode hat eine stark therapeutische Wirkung, sie befreit den Patienten von einem Trauma, das ganz tief in ihm verwurzelt ist. Sie darf nur von sehr erfahrenen Sophrologen angewandt werden. Bei Jugendlichen verwenden wir andere Techniken, von denen später die Rede sein wird.

Wenn das neue Geschwisterchen nach Hause kommt, dürfen es die älteren Geschwister ganz sanft berühren. Die Eltern streicheln das Kind und sprechen mit ihm, Schweigen herrscht im Raum, sogar in Anwesenheit der anderen Kinder. Wir wissen, daß der Körper eines Tieres mehr Antikörper produziert, wenn es gestreichelt wird. Das gleiche gilt für den Menschen, deswegen ist Streicheln so wichtig. Darüberhinaus ist die erste psychologische Phase der sexuellen Entwicklung (nach Freud) die narzißtische Phase, in der die Libido des Kindes durch das Gestreicheltwerden befriedigt wird, eine wichtige Form der nonverbalen Kommunikation. Es ist eine gute Möglichkeit, es Liebe spüren zu lassen.

Wie bei der Geburt kann der Vater auch weiterhin sein Kind baden. Die Mutter ist dabei und streichelt das Kind auch. Wenn der Vater keine Zeit hat, sollte er es wenigstens von Zeit zu Zeit tun. Das Neugeborene ist fasziniert von seiner neuen Welt, es blickt um sich, berührt seinen eigenen Körper und versucht, die Hände zu berühren, die es festhalten. Es gibt kleine Laute von sich, hört ohne zu verstehen, entdeckt viele neue Dinge – seine neue Art zu atmen, das Licht, ein völlig neues Universum. Das Bad kann mindestens fünfzehn Minuten dauern. Während das Kind angezogen wird, sprechen die Eltern weiter mit ihm und streicheln es. Das Bettchen steht direkt neben dem Bett der Mutter, wo es auch während der nächsten Monate bleiben wird. Heute legt man Neugeborene nicht mehr in eigene Zimmer, wo sie sich einsam und verlassen fühlen. Kinder brauchen ihre Mutter während der ersten Lebensmonate ständig. Sie werden nach Bedarf gestillt. Es gibt keine fixen Zeiten, man versucht einfach, dem Instinkt zu folgen.

# 16 Das Neugeborene/Kind

Mutter und Kind bilden eine Einheit. Das Neugeborene weiß gar nicht, daß es einen Unterschied zwischen ihm und seiner Mutter gibt. Es lebt in einer Welt der absolut bedingungslosen psychologischen Projektion. Alle Emotionen der Mutter werden vom Kind empfunden, der Streß der Mutter ist auch seiner, solange sein Ich nicht entwickelt ist. Entspannte Mütter haben entspannte Kinder. Wenn sie neurotisch sind, sind es auch die Kinder. Eine starke Beziehung, die keiner Worte bedarf, entwickelt sich zwischen Mutter und Kind. Einzig die Gegenwart des anderen genügt. Das Kind spürt, wenn die Mutter angespannt ist, denn seine Intuition ist stark ausgeprägt, seine rechte Hirnhälfte ist noch nicht durch die Erziehung und Konditionierungen der Gesellschaft blockiert.

Das Berühren, der körperliche Kontakt, sind eine andere Kommunikationsform, die stärker ist als die Sprache. Die Mutter kann mit dem Kind durch ihre Hände, ihren Körper sprechen. Die Art, wie sie das Kind berührt, diese irrationale Sprache kann es besser verstehen als Worte. Es ist also sehr wichtig, ein Neugeborenes viel zu streicheln, aber immer in entspanntem Zustand, nie unter Streß. Mit den Methoden der Sophrologie kann eine Mutter lernen, immer entspannt zu sein. Sogar in Zeiten der Anspannung, wie sie oft durch Alltagsprobleme ausgelöst werden.

Indem Sie Ihr Kind streicheln und leise mit ihm sprechen, wenden Sie eine sehr wichtige Vorbeugungstechnik an, um es gesund zu erhalten. Zunächst geben Sie ihm Liebe, dann vermitteln Sie ihm Ihre innere Ruhe und Gelassenheit, und außerdem vermehren Sie die Anzahl der Antikörper, die sein Organismus produziert, ein unerläßlicher Schutz gegen Infektionen und Viren.

In Indien praktizieren die meisten Frauen eine Methode, die Dr. Leboyer „Shantala" nennt. Die Mutter ist nackt, sie sitzt auf dem Boden und hat ihr gleichfalls nacktes Kind auf dem Schoß. Täglich zehn Minuten lang massiert sie das Kind am ganzen Körper mit Öl, zum Beispiel Kokosöl, und singt oder redet leise mit ihm. Das ist eine ausgezeichnete Vorbeugung gegen Krankheiten.

Ein Kind, das täglich bis zum Alter von zwei oder gar drei Jahren diese Erfahrung macht, erhält damit einen Schutz gegen funktionelle Krankheiten für das ganze Leben. Darüber hinaus werden seine mentalen Fähigkeiten stark verbessert, und als Erwachsener wird es wissen, was das Wort LIEBE bedeutet.

Kinder haben eine sehr ausgeprägte Phantasie, die in der rechten Hirnhälfte ihren Ursprung hat. Leider zerstört unser Erziehungssystem nach und nach diese schöpferische Phantasie und ersetzt sie durch Rationalität, bald arbeitet nur noch die linke Hirnhälfte.

Mit sehr kleinen Kindern wenden wir verschiedene sophrologische Techniken an, um die Kreativität und die Phantasie zu erhalten, zu stimulieren und die Intuition zu fördern. Wir erhalten die Funktionen der rechten Hirnhälfte. Sobald die Kinder fähig sind, unsere Sprache zu verstehen, können wir die sophrologischen Methoden anwenden. Die einzige Voraussetzung ist, so zu ihnen zu sprechen, als wären wir selbst noch Kinder.

Es ist sehr leicht, Kinder zu entspannen. Am besten sagt man ihnen, daß sie jetzt spielen werden. Wir sagen dem Kind, es soll sich auf den Boden legen.

### Entspannungsübung für Kinder

*Ich werde dir jetzt eine Geschichte erzählen, eine wunderbare Geschichte, und du machst am besten die Augen zu, so kannst du besser zuhören. Sobald du die Augen geschlossen hast, bist du im Wald. Du hast deinen besten Freund dabei, oder deine Eltern, ganz wie du willst. Im Wald wachsen schöne Blumen, und du kannst die Sonne zwischen den Bäumen sehen. Eine Blume ist größer als die anderen, und du bückst dich, um an ihr zu riechen. Sie duftet und ist schön. Jetzt kannst du sie pflücken und deiner Mama bringen. Jetzt siehst du vor dir ein Kaninchen, es hoppelt durch das Gras, sieht dich an und kommt zu dir, ganz nah zu dir. Du kannst es anfassen und sogar streicheln. Es ist ganz weich, du kannst seinen Rükken und seine Ohren vorsichtig streicheln und spürst, wie warm es ist. Nimm es in die Arme, paß aber auf, daß du es nicht fallen läßt.*

Wir erlauben dem Kind, mit dem Kaninchen oder irgendeinem anderen Tier zu spielen. Wenn es dann die Augen öffnet, ist es ganz überrascht, nicht im Wald zu sein. Durch die erzählte Geschichte hat seine Phantasie die Wirklichkeit ersetzt.

Nach einer Idee von Maïsou Robert-Dantec nun ein weiteres Beispiel. Es ist ein bekanntes Kindermärchen, das den Kindern mit leiser Stimme erzählt wird.

### Übung mit Märchen

*Schließ jetzt die Augen, das ist besser, denn wenn du sie offen läßt, kannst du nicht so gut zuhören. Es war einmal eine sehr schöne Frau, die in einem Schloß lebte. Sie wußte, daß sie bald ein Kind bekommen würde. So saß sie am Fenster und sah einen Raben vorbeifliegen und dachte dabei: Mein Kind wird schwarze Haare haben wie dieser Rabe, und seine Haut wird weiß sein, so weiß wie der Schnee im Winter. Und als das Kind auf die Welt kam, war es ein Mädchen, und sie gab ihm den Namen Schneewittchen.*

Wir erzählen das Märchen weiter und versuchen, die Kinder nach und nach in die Geschichte einzubeziehen.

*Schneewittchen läuft durch den Wald, du läufst mit ihm. Du begleitest es, weil du es nicht allein lassen willst. Alle Tiere des Waldes begleiten Euch, Ihr lauft alle zusammen. Am Anfang hast du ein bißchen Angst gehabt, aber jetzt kennst du sie alle und magst sie alle gern. Schneewittchen ist deine Freundin geworden und du bist glücklich darüber. Vor dir siehst du jetzt ein hübsches Häuschen mitten im Wald. Niemand ist zu Hause. Du trittst ein und siehst die kleinen Möbel, alles ist ganz winzig. Du bist müde, denn du bist viel gelaufen und du möchtest gerne schlafen. Du legst dich in eines der kleinen Bettchen und spürst, wie dein Körper schwer wird, immer schwerer, usw.*

Eine Sitzung darf nicht länger als fünfzehn Minuten dauern. Am Ende fordern wir die Kinder auf, sich zu strecken und tief durchzuatmen, bevor sie die Augen öffnen. Diejenigen, die das möchten, erzählen ihren Freunden, was sie erlebt und vielleicht in ihrem Körper gespürt haben.

## Körperbewußtsein

Das Kind muß seinen Körper kennenlernen, ihn akzeptieren und gleichzeitig auch beherrschen lernen. Während der Sophronisations-sitzungen ist es sehr wichtig, daß die Kinder sich ihren Körper bewußt machen. Hier eine Methode:

*Steh auf und mach' die Augen zu. Denk' an deinen Körper, er steht zwischen dem Himmel und der Erde. Das ganze Gewicht deines Körpers ruht auf deinen Füßen. Du kannst die Hände auf den Kopf legen. Berühre langsam den ganzen Kopf, die Haare, die Stirn, die Augen, die Nase, den Mund, die Wangen, die Ohren und den Hals. Dann berührst du die Schultern, die Arme, die Brust, den Rücken oder den Teil des Rückens, den du mit den Händen erreichen kannst. Berühre auch deinen Bauch, die Geschlechtsorgane. Du bist froh, ein Junge (ein Mädchen) zu sein. Berühre auch deine Oberschenkel, die Knie, die Waden und die Füße. Richte dich jetzt wieder auf und stell' dir deinen stehenden Körper vor. Er ist groß, er ragt in den Himmel. Dein Körper ist von Luft umgeben, versuche zu spüren, wie die Luft dein Gesicht streift, durch die Nase ein-dringt. Es ist, als würdest du in Luft schwimmen, usw. Am Ende fordern wir sie auf, sich gründlich zu strecken und die Augen zu öffnen.*

In dieser Übung erkennt das Kind seinen Körper. Wir können es auch auffordern, sich die anderen Kinder vorzustellen, die auch im Saal ste-hen. Es wird sich der anderen bewußt.

Viele sophrologische Methoden können für Kinder adaptiert werden. Der Therapeut spricht kontinuierlich, mit leiser monotoner Stimme, er bedient sich einer einfachen Sprache. Hier eine andere Übung im Stehen.

*Du stehst wie ein Baum, aber dein Körper ist nicht starr, er ist bieg-sam. Dein Kopf ist im Wind, und wie ein Baum schwankst du leicht von einer Seite auf die andere. Versuche, den Wind zu spüren. Deine Wurzeln sind so stark, daß sogar ein heftiger Wind sie nicht ausreißen kann, denn du bist ein gesunder junger Baum. Stell' dir jetzt vor, du bist in einer Schachtel. Du willst da nicht drinbleiben und versuchst, den Deckel anzuheben. Dazu atmest du ganz tief ein, nimmst soviel Luft wie möglich in die Lunge, und wenn sie dann voll ist, schiebst du den Deckel mit beiden Händen, mit aller Kraft, ganz fest nach oben. Es geht sehr schwer, und auf einmal geht der Deckel auf. Wenn deine Arme zum Himmel ausgestreckt sind, kannst du spüren, wie groß du bist, du berührst fast den Himmel, die Wolken, die Sterne, usw. Am Ende strecken sich die Kinder wie gewohnt, atmen tief durch und öffnen dann die Augen.*

Man kann die Übung weiterführen, indem man die Kinder auffordert, die Seiten der Schachtel wegzudrücken, usw.

Diese Methode wurde von Frau M. Robert-Dantec entwickelt, einer Psychologin, die sich auf Sophrologie für Kinder spezialisiert hat.

15.5. Doktor Espinosa Aroca, ein berühmter spanischer Kinderarzt, hat als erster die dynamische Entspannung von Caycedo mit Kindern gemacht. Dabei hat er mit Gruppen von asthmatischen Kindern ausgezeichnete Erfolge erzielt und auch einen Film darüber gemacht. Dafür erhielt er bei einem internationalen Pädiatrie-Kongreß in Buenos Aires die Goldmedaille. Die meisten Kinder mögen dynamische Übungen, es ist wie ein Spiel für sie. Wir versuchen, sowenig Suggestion wie möglich zu verwenden, um den Kindern Raum zur Entwicklung und Stimulierung ihrer eigenen Phantasie und Kreativität zu lassen.

*Setz' dich auf den Stuhl und schließ' die Augen. Deine Füße stehen gerade auf dem Boden, und die Hände liegen ganz entspannt auf den Knien. Stell' dir vor, du siehst dir gerade einen Zeichentrickfilm im Fernsehen an. Während du auf den Bildschirm blickst, wird dein Körper auf dem Stuhl ganz schwer, immer schwerer und ganz entspannt. Du bist ganz ruhig. Nach ein paar Minuten beginnen wir mit den dynamischen Übungen, zum Beispiel:*

*Atme soviel Luft ein, wie du kannst. Halte die Luft an und leg' den Kopf in den Nacken. Beim Ausatmen bringst du dann den Kopf wieder in seine Ausgangslage. Jetzt atmest du wieder tief ein und beugst den Kopf, während du die Luft anhältst, nach vorn. Beim Ausatmen richtest du ihn wieder auf. Denk' dabei an ein sehr schönes Bild.*

Diese Bewegung wird mehrere Male wiederholt. In Verbindung mit der synchronen Atmung vermehrt diese Übung die Blutmenge im

Gehirn. Das Blut wird durch das Anhalten der Luft während der Bewegung des Kopfes stark mit Sauerstoff angereichert. Dadurch wird die Gehirntätigkeit verbessert.

Wir können diese Übung wie folgt weiterführen:

*Atme ein, streck' die Arme nach vorn, atme dann langsam aus und leg' dabei die Arme wieder an den Körper. Jetzt streckst du beim Einatmen die Beine nach vorn. Beim Ausatmen stellst du die Füße wieder auf den Boden. Entspanne dich. (Man kann jede Übung dreimal wiederholen, mit jeweils einer Entspannungsphase zwischen zwei Bewegungen.) Du spürst deinen ganzen Körper. Er ist schön, und du bist ganz entspannt. Du siehst jetzt sehr schöne Bilder in deinem Kopf, Farben, Formen, vielleicht auch Landschaften, wo du mit deinen Freunden spielst. Du siehst, wie du in die Schule gehst. Du gehst gern in die Schule, denn du lernst gern neue Dinge. Du liebst deine Familie, dein Haus, das Viertel, wo du wohnst, usw. Am Ende strecken sich die Kinder, atmen mehrere Male tief durch und öffnen dann die Augen.*

So können wir Kinder darauf vorbereiten, die Schule, die Hausaufgaben, und auch die anderen Kinder zu mögen. Wir können ihnen auch helfen, ein neues Brüderchen oder Schwesterchen zu akzeptieren.

Es ist sehr wichtig, ein Kind auf die Geburt eines neuen Geschwisterchens vorzubereiten, denn sonst denkt es vielleicht, es wird von der Mutter verlassen und sagt sich: „Ich hasse meine Mutter. Sie liebt mich nicht mehr. Ich will dieses neue Baby nicht, das meinen Platz einnehmen wird." Oft werden die Kinder krank, das ist eine Abwehrreaktion, durch die das Unbewußte seine Frustration ausdrückt. Durch geeignete Methoden kann die Sophrologie die Beziehungen innerhalb der Familie ausgleichen und harmonisieren.

# 17 Die Jugend

Vor einigen Jahren begannen wir in der Schweiz ein sehr interessantes Experiment mit Jugendlichen. Wir organisierten ein viertägiges Seminar mit 80 Jungen und Mädchen. Die Ergebnisse waren außergewöhnlich und überraschend. Seit dieser positiven Erfahrung organisiert die Schweizerische Vereinigung für Sophroprophylaxe regelmäßig solche Seminare. Vier Tage lang führen wir theoretische Kurse und praktische Übungen durch. Die Kurse beginnen um neun Uhr vormittags und gehen bis Mitternacht. Zu Beginn gibt es eine allgemeine Diskussion mit allen Teilnehmern, die wie folgt abläuft:

„Ihr seid hier weder in der Schule noch zu Hause. Wir sind weder Eure Lehrer noch Eure Eltern. Während der nächsten vier Tage, die wir miteinander verbringen werden, seid Ihr völlig frei. Ich wiederhole: Wahrscheinlich zum erstenmal in Eurem Leben seid Ihr völlig frei. Ihr seid nicht verpflichtet, an den Kursen teilzunehmen. Wenn Ihr lieber spazierengehen wollt, könnt Ihr das tun. Ihr könnt auf Euren Stühlen sitzenbleiben, oder könnt die Position einnehmen, die Euch am besten zusagt. Aber bevor Ihr irgend etwas macht, werden wir gemeinsam den Begriff „Freiheit" definieren."

Was ist Freiheit?

Wir bekommen alle möglichen Antworten, zum Beispiel:

„Freisein heißt, tun was man will und wann man will, dorthin gehen, wo man möchte, den Eltern nicht mehr gehorchen, nicht in die Schule gehen, wenn man keine Lust hat", usw.

**Zum Schluß finden wir die folgende Definition: „Freisein heißt, das tun, was man will, ohne die anderen zu stören."**

Wenn die Definition von allen akzeptiert worden ist, sagen wir den Jugendlichen, daß sie vier Tage lang vollkommen frei sein werden.

Am Abend machen wir die sog. Terpsichor-Trans-Therapie oder T.T.T., eine Art Tanztherapie. Terpsichore ist die Muse des Tanzes, und „trans" bedeutet „durch". Die Methode kommt aus Brasilien. Bei der Beobachtung verschiedener Tänze wie Ubanda, Macumba, Quibanda oder Condomble stellte Doktor David Akstein fest, daß sie eine therapeutische Wirkung haben. Der Klang der Musik ist sehr wichtig, und auch der

Rhythmus. Es ist erwiesen, daß mit afrikanischen Trommeln verschiedene Wirkungen erzielt werden. Wenn diese Art von Musik in einem Glashaus gespielt wird, wachsen die Pflanzen schneller. Wenn die Wirkung auf Pflanzen positiv ist, ist es nur normal, daß auch Menschen ähnlich positiv auf diese Rhythmen reagieren. Eine T.T.T. Sitzung dauert im Schnitt etwa 45 Minuten. Die Rolle des Sophrologen ist sehr wichtig, oft schwierig und anstrengend.

Stellen Sie sich einen Saal vor, aus dem alle Möbel entfernt worden sind. Ungefähr zwanzig Jugendliche stehen mit geschlossenen Augen da. Sie sind barfuß und tragen nur Jeans und T-Shirts. Der Sophrologe spricht:

„Wir machen jetzt eine Übung, in der Ihr vollkommen frei seid. Alles ist erlaubt. Ihr werdet Euch mit geschlossenen Augen völlig entspannen. Ihr werdet entspannt tanzen und den Rhythmus mit Eurem Körper aufnehmen. Ihr seid in der Stellung eines gesunden Wesens, in kosmischer Beziehung zu Himmel und Erde." Dann lassen wir die Jugendlichen entspannen und selbst in den sophronischen Bewußtseinszustand eintreten. Wir fordern sie auf, tief ein- und auszuatmen, immer schneller, durch die Nase ein- und durch den Mund auszuatmen. Diese rasche Atmung löst eine chemische Veränderung (Alkalose) aus und erleichtert die Veränderung des Bewußtseinszustandes. Musik und Tanz beginnen, der Sophrologe hört zu sprechen auf. Er geht von einem zum anderen und legt die Hand auf den Kopf, um sie in Bewegung zu bringen.

Eine Reihe von Emotionen entstehen während des Tanzes. Einige tanzen mehr oder weniger fanatisch, andere weinen oder schreien und werden sehr aggressiv. Diese Leute holt der Sophrologe heraus und hält ihnen eine Matratze vor, auf die sie mit Fäusten und Füßen eindreschen können, um so ihre Aggressivität loszuwerden. Andere fallen einfach um und werden ein wenig abseits der Tanzenden auf eine Matratze gelegt. Erfahrene Assistenten helfen dem Sophrologen und versuchen, ohne zu sprechen, Kollisionen zu vermeiden und die Tanzenden zu schützen.

Nach 45 Minuten hört die Musik auf, und alle legen sich dort, wo sie gerade sind, auf den Boden. Dabei halten sie die Augen geschlossen. Verschiedene Methoden werden nun angewandt, wie zum Beispiel die

Bewußtmachung des Körpers, der Lebensvorgänge. Manchmal nutzen wir die Gelegenheit, um die Gruppe vom Geburtstrauma zu befreien.

*Euer Körper ist müde. Es gibt weder Raum noch Zeit. Die Zeit läuft rückwärts, Ihr werdet immer jünger, Ihr seid sechs Jahre alt, drei Jahre alt, ein Jahr alt. Ihr seid ein Neugeborenes, Ihr seid im Mutterleib.*

Zu diesem Zeitpunkt nehmen die meisten Jugendlichen spontan die embryonale Lage ein. Einige lutschen sogar am Daumen.

*Hört auf die Geräusche um Euch, genießt diesen Moment, den Frieden und das Glück. Ihr seid bereit, geboren zu werden, Ihr werdet Euch dieses Abenteuer hier und jetzt vorstellen. (Der Sophrologe schweigt lange und kontrolliert jeden Jugendlichen. Einige leiden und atmen schwer, andere erleben ihre Geburt ganz ruhig.)*

*Jetzt seid Ihr glücklich, geboren zu sein. Ihr seid ein hübsches Baby. Versucht, Euch an eine glückliche Szene in Eurer Kindheit zu erinnern. Ihr werdet größer und kehrt zum heutigen Datum zurück.*

Natürlich geht dieser Prozeß viel langsamer. Dies ist nur die Zusammenfassung einer Sitzung.

*Ihr seid in der Gegenwart und versucht, Euch eine Situation in naher Zukunft vorzustellen, eine Prüfung, einen sportlichen Wettbewerb, einen Test oder etwas anderes. Stellt Euch vor, wie Ihr es schafft. (Hier wird ausreichend Zeit gelassen.) Die Energie kehrt nun in Eure Füße und in den ganzen Körper zurück. Ballt die Fäuste, streckt Euch gründlich, schluckt, atmet tief durch und öffnet dann langsam, wenn Ihr wollt, die Augen.*

Nach der Sitzung sind die Jugendlichen sehr ruhig und meditieren über das, was sie erlebt haben. Sie sitzen ungefähr eine Viertelstunde schweigend da; jetzt eröffnen wir die Diskussion, wo sich jeder melden kann, der sagen möchte, wie es ihm ergangen ist.

Während eines viertägigen Seminars macht jeder Jugendliche zweimal eine T.T.T. Sitzung mit. Beim zweiten Mal kann er die Sitzung besser genießen und noch mehr Hemmungen loslassen. Unsere Erfahrung erstreckt sich inzwischen auf mehr als tausend Jugendliche und ist sehr positiv. Die meisten Teilnehmer erleben emotional ihre Geburt und befreien sich dabei von einem Großteil ihrer überschüssigen Aggressionen. Am nächsten Tag beobachten wir eine deutliche Veränderung in ihrem Verhalten. Sie sind ruhiger, gelassener, in den Kursen konzentrierter. Die Beziehungen verändern sich, sie verstehen sich selbst besser und können einen weiteren Schritt auf die anderen zu machen.

Ich bräuchte mehrere Seiten, um in allen Einzelheiten zu beschreiben, welche Veränderungen wir nach zwei T.T.T. Sitzungen beobachtet haben. Darüber hinaus machen wir während des Tages verschiedene sophrologische Übungen, wie das modifizierte autogene Training (TRAM) und die dynamische Entspannung. Diese praktischen Übungen helfen den Jugendlichen bei der Vorbereitung auf Prüfungen, ihren künftigen Beruf und auch dabei, ihr Leben freudig in den Griff zu bekommen.

Im theoretischen Teil sprechen wir über Probleme mit ihren Eltern, Freunden oder Lehrern. Wir erklären ihnen, wie wichtig die Liebe ist und sprechen über alle Probleme. Praktische Übungen beschäftigen sich mit Drogenabhängigkeit und Nikotinsucht. Ohne zu kritisieren oder zu moralisieren, versuchen wir, sie dahingehend zu motivieren, die schlechten Gewohnheiten abzulegen, die ihrer Gesundheit schaden. Wir erzielen ausgezeichnete Ergebnisse damit. Die meisten stellen nach dem Seminar das Rauchen ein. Diejenigen, die harte Drogen nehmen, bitten uns um Hilfe und beginnen sofort nach dem Seminar mit einer Therapie. In vielen Fällen ist der Erfolg ermutigend, aber es ist nicht immer einfach. Eines ist jedoch sicher: Man kann es schaffen, wenn man genügend Zeit und Liebe schenkt.

Eine der Methoden in der Arbeit mit Jugendlichen läuft wie folgt ab:

### Motivationsübung

*Stellt Euch vor Euren Stuhl, in orthostatischer Haltung, das heißt, daß Ihr nur die Muskeln verwendet, die notwendig sind, um im Gleichgewicht zu bleiben. Schließt die Augen. Versucht, die Umgebung aus Euren Gedanken zu verscheuchen und taucht in Euren Körper hinein. Stellt Euch vor, wie Ihr zwischen Himmel und Erde steht. Atmet Ihr durch den Bauch? Wenn nicht, versucht es. Ihr seid gesunde Menschen. Beim Einatmen bringt Ihr Energie, Kraft und Vertrauen in Euren Körper. Während Ihr ausatmet, vertreibt Ihr aus dem Körper alle Blockaden, Eure schlechten Gewohnheiten, alles Negative in Euch. Nach und nach entspannt Ihr alle Muskeln im Körper, entspannt Euch vollkommen. Ihr werdet jetzt eine Veränderung Eures Bewußtseins erfahren und verliert nach und nach das Gefühl für Zeit und Raum. Um die Sauerstoffmenge im Gehirn zu erhöhen, atmet Ihr soviel Luft wie möglich ein. Füllt den Bauch, die Lunge, die Schultern, und wenn Ihr Euch wie ein Ballon fühlt, atmet langsam wieder aus. Stellt Euch das Gehirn unter der Schädeldecke vor. Es ist ein phantastischer Computer, der soviele Informationen speichern kann, wie Ihr wollt. Euer Gedächtnis wird besser, und Ihr könnt viele neue Dinge lernen. Ihr könnt Euch besser konzentrieren. Ihr seid motiviert, Negatives abzulegen und Eure Persönlichkeit zu entwickeln.*

*Setzt Euch nun, ohne die Augen zu öffnen, auf den Stuhl. In dieser Haltung entspannt Ihr Euch noch tiefer. Kontrolliert Eure Spannungen, entspannt die Muskeln im Gesicht, im Nacken, laßt die Schultern los und entspannt den ganzen Körper. Spürt Euer Gewicht auf dem Stuhl, beobachtet aufmerksam die Erdanziehung. Atmet langsam und tief durch den Bauch. Bei jedem Ausatmen entspannt Ihr Euch noch tiefer. Beobachtet Euch von außen. Geht in der Vorstellung um Euch herum. Ihr könnt sehen, wie Ihr dasitzt, seht Euch vollständig. Die Zeit existiert nicht mehr, Ihr könnt Euch in die Zukunft projizieren und Euch als Erwachsene sehen. Ihr seid erwachsen und habt einen Beruf. Vielleicht habt Ihr auch eine Familie gegründet und habt selbst Kinder. Ihr erlebt die Situation hier und jetzt wie eine Realität. Speichert nun dieses positive Programm im Gehirn. Seht, wie Ihr völlig entspannt seid und genießt diese positive Situation in der Zukunft. Wenn Ihr Euch alles gut vorgestellt habt, kehrt Ihr an den Ort zurück, wo Ihr Euch gerade befindet. Atmet mehrere Male tief durch, schluckt und streckt Euren Körper gründlich durch. Erst dann öffnet Ihr die Augen.*

# 18  Die Erwachsenen

Laut Statistik fügt Streß der Industrie gewaltigen Schaden zu. Jedes Jahr gehen Millionen Arbeitstage und Milliarden an Löhnen aufgrund von Herzerkrankungen verloren. Ganz zu schweigen von den sich in mehreren Milliarden Höhe bewegenden Aufwendungen, die im Zusammenhang mit Krankenständen, Krankenhausaufenthalten und vorzeitigen Todesfällen ausgegeben werden.

Die verschiedenen sophrologischen Techniken dienen der Vorbeugung gegen Herzinfarkt und Zivilisationskrankheiten. Indem sie Drogen-, Tabak- und Alkoholsucht bekämpfen, helfen sie, wieder gesund zu werden.

Menschen, die nikotin-, alkohol- oder drogensüchtig sind – egal, ob es sich um harte oder weiche Drogen handelt – sind psychisch schwach und haben Schwierigkeiten, sich in die Gesellschaft zu integrieren. Alle Suchtmittel scheinen anfänglich angenehm und ungefährlich, aber der kritische Punkt ist erreicht, sobald man abhängig wird und sein Verhalten nicht mehr unter Kontrolle hat.

Um den Gebrauch von Suchtmitteln zu stoppen, muß man zuerst erkennen, was mit dem eigenen Leben nicht in Ordnung ist und dann Verantwortung für sein Leben übernehmen. Denn jeder einzelne ist verantwortlich für seine Gesundheit und sein Wohlbefinden.

Vielleicht sind Sie einsam und nehmen Drogen als Ersatz? Sie glauben, daß Sie nichts dagegen tun können, weil ja die anderen schuld sind, die Sie im Stich lassen.

Die Hauptursache dieses Unbehagens, an dem viele Menschen kranken, ist der Mangel an Liebe.

### Die Liebe

Liebe ist sehr wichtig, ein Grundbedürfnis, die Essenz des Lebens selbst. Wir brauchen Liebe, um unsere Vitalität zu erhalten – Liebe zu uns selbst, Liebe zu den anderen und auch Liebe von den anderen.

Wenn Sie sich z.B. nicht gut fühlen, unbehaglich, müde, schlaff, erledigt usw., dann fühlen Sie sich krank und gehen aus zwei Gründen zum Arzt: der erste ist vollkommen bewußt – Sie wollen ein Medikament, das Sie hoffentlich heilen wird. Der zweite Grund ist unbewußt und ganz anders gelagert – Sie suchen bei Ihrem Arzt Verständnis und menschliche Wärme.

Wenn der Arzt Sie nur rasch untersucht, wenn er Ihren Puls fühlt und Ihren Blutdruck mißt und Ihnen ein Rezept in die Hand drückt, dann befriedigt er Ihre bewußten Bedürfnisse, unbewußt werden Sie jedoch frustriert sein. Was Sie wirklich von Ihrem Arzt erwarten, ist Aufmerksamkeit, eine freundschaftliche Beziehung – Zuneigung und seelische Zuwendung. In vielen Fällen werden Krankheiten durch Mangel an Liebe ausgelöst. Wer weder Zärtlichkeit gibt noch bekommt, wird früher oder später krank.

## Mangel an Liebe

Oft wissen wir nicht, was Liebe ist. Die meisten Menschen verwechseln LIEBE und SEX, das macht sie unglücklich und häufig krank. Viele glauben, man müsse sexuell sehr aktiv sein, um ein ausgeglichener Mensch zu sein. Aber wenn die Liebe fehlt, ist das eher schädlich und kann sogar eine Bedrohung für die Gesundheit darstellen, sowohl körperlich als auch psychisch. Natürlich kann die Sexualität das Gefühl der Liebe vergrößern oder verstärken, sie gehört einfach zum Leben.

Mangel an Liebe macht krank. Alle Kompensationsmechanismen wie Drogenmißbrauch, Tabak, Alkohol oder Medikamente sind sehr schädlich.

Alkoholiker, Drogenabhängige, starke Raucher und Medikamentensüchtige bringen sich quasi langsam und unbewußt selbst um.

Wenn Sie zu einer dieser Gruppen gehören, versuchen Sie, die Liebe zu finden. Die Liebe existiert in Ihnen und um Sie herum. Das ist die beste Möglichkeit, wieder gesund zu werden, gesund zu bleiben und sich nicht selbst zu zerstören.

Die Sophrologie hat in meinem Leben zahlreiche Veränderungen bewirkt, das mir auch vorher schon nicht uninteressant erschien. Ich begann 1963, mit der Sophrologie zu arbeiten. Ich fühlte mich nicht nur körperlich und seelisch bald sehr viel entspannter, sondern konnte auch meine Persönlichkeit, meine Art zu leben und zu denken verändern. Ich bin ruhiger geworden, rezeptiver, offener, besonders für

Ideen, die mir vorher unbekannt oder sehr fremd waren. Ich führe ein ausgeglicheneres Leben oder versuche es zumindest. Ich passe auf mich auf, achte auf meine Gesundheit.

Gleichzeitig kann ich die anderen besser verstehen. Die Beziehungen zu meiner Umwelt und die Begegnungen mit meinen Patienten sind völlig anders geworden. Meine Intuition hat sich stark entwickelt, besonders in der Therapie. Außerdem bin ich heute in der Lage, mich vor den belastenden Projektionen meiner Patienten zu schützen. Ich höre ihnen zu und verschreibe ihnen weniger Medikamente. Es ist mir klargeworden, daß alle Patienten ein sehr starkes Bedürfnis nach Liebe, nach Verständnis haben. Und ich kann sie vor allem lehren, für sich selbst Verantwortung zu übernehmen.

Die Sophrologie kann dazu beitragen, viele Dinge in Ihrem Leben zu verändern, so wie ich das selbst erfahren habe. Sie können Ihre Art zu leben und zu denken verändern. Sehr bald werden Sie völlig anders mit Ihren Problemen umgehen. Sie werden Ihre eigene Persönlichkeit entwickeln und damit aufhören, wie ein Schaf anderen nachzulaufen und absurde Verhaltensweisen zu imitieren.

Für viele ist das Leben anstrengend, belastend und führt zu allen möglichen Krankheiten. Dabei ist es möglich, sehr viele dieser Krankheiten zu vermeiden, und – was auch nicht zu vernachlässigen ist – die extremen Kosten im Gesundheitswesen beträchtlich zu senken.

Dazu muß jeder für seine Gesundheit verantwortlich werden, nicht unnötig und bei jeder Gelegenheit jammern, sondern agieren und so sein Wohlbefinden erhalten.

## „Beherrschte" Reflexe

Auch Tiere erleben Aggression. Bei Gefahr reagieren sie immer gleich: sie kämpfen, sie haben Angst oder sie fliehen. Kampf, Angst, Flucht, das sind normale Reaktionen eines angegriffenen Tieres. Zum Beispiel wird ein Löwe gegen eine Gazelle kämpfen, ein Frosch erschrickt vor einer Schlange, und ein Hase läuft davon, wenn der Fuchs kommt. In diesen drei Fällen wird der Reflex durch die Ausschüttung von Adrenalin aus den Nebennieren ausgelöst.

Menschliche Wesen haben die gleichen Reaktionen, können sie jedoch oft nicht ausleben. Sie können nicht fliehen, wenn der Chef sie beleidigt, oder gar zurückschimpfen. Der Reflex wird beherrscht, man hört brav zu und schluckt alles hinunter. Die ursprüngliche Reaktion hat sich nicht verändert, sie ist nur anders geworden. Es ist meist unmöglich, auf natürliche Art zu reagieren, und das löst eine sehr starke innere Spannung aus. Diese Spannung erhöht die Wirkung von Streß und löst früher oder später ein funktionelles Symptom aus. Kampf, Angst und Flucht führen zu einem Zustand, der die Aktivität des sympathischen Nervensystems verstärkt. Diagramm: siehe Ende Kapitel 4 „Streß".

Die einzige Möglichkeit, die wir haben, um unsere ursprünglichen Reflexe von Kampf, Angst oder Flucht zu beherrschen, besteht darin, uns sofort zu entspannen. Wir sind in der Lage, die Menge an Adrenalin zu verringern, die unsere Drüsen bei jedem Angriff ausschütten, und das ist die beste Vorbeugung gegen funktionelle Störungen. Zum Erlernen der Entspannung können Sie folgende Übung machen:

### Entspannungsübung bei Streß und Ärger

*Suchen Sie sich zu Hause eine bequeme Ecke, nehmen Sie eine passive Haltung ein und bleiben Sie dann so friedlich und so gemütlich wie möglich liegen. Fixieren Sie einen Gegenstand oder einen Punkt an der Decke, bis Sie merken, daß Ihre Augen müde werden. Schließen Sie dann die Augen.*

*Konzentrieren Sie sich auf Ihre Atmung und denken Sie jedesmal beim Ausatmen: ruhig – ganz ruhig. Machen Sie das mindestens 15 bis 20 Minuten lang.*

*Sagen Sie sich anschließend: Ich kann mich so entspannen, sofort, egal ob ich stehe, sitze oder liege. Halten Sie das in Ihrem Gedächtnis fest.*

Nach und nach schaffen Sie so einen bedingten Reflex, der dann automatisch ausgelöst wird, wenn Sie ihn brauchen, wenn Sie angegriffen werden oder eine direkte Aggression verspüren.

Jeder Tag ist ein neuer Tag. Jeden Morgen sollten Sie dankbar sein, zu leben. Atmen Sie tief ein und lassen Sie die Vitalität, die Sie spüren, in Ihren ganzen Körper strahlen, in alle Zellen. Sie atmen nicht nur Luft ein, sondern auch Sonne, Liebe und Wärme. Sie senden Ihrem Körper eine Botschft von unendlichem Frieden. Je tiefer Sie atmen, desto mehr spüren Sie, wie Sie ruhiger werden. Und beim Ausatmen stellen Sie sich vor, wie alle negativen Gedanken, alle traurigen Ereignisse aus Ihrer Vergangenheit ganz leicht werden und davonfliegen wie Seifenblasen. Sie sind nicht allein, nicht isoliert. Sie sind ein Bestandteil der Welt, des Kosmos. Ohne Sie wäre die Bewegung der Gestirne nicht die gleiche. Lassen Sie zu, daß dieses Gefühl von Einheit, vom Einssein mit allem, von reiner Freude sich wie ein warmer Strom in Ihnen ausbreitet. Speichern Sie dieses wunderbare Gefühl der Freude, und der ganze Tag wird für Sie voller Glück sein.

Sie sind ein Teil des Universums. Ohne Sie wäre es nicht so, wie es ist. Sie sind ein Teil der kosmischen Energie, und deshalb sind Sie wichtig. Sie werden beeinflußt vom Kosmos und können wiederum ihn beeinflussen; dadurch besteht eine starke Beziehung zwischen allen menschlichen Wesen.

Wir leben in einer Welt der Projektionen, jedes Wesen projiziert sich ins Universum und reflektiert wieder. So kann man vielleicht verstehen, warum unsere Menschheit feindselig ist. Provokation löst Aggression, Haß, Krieg und schließlich Tod aus. Im Gegensatz dazu können Friede, Ruhe, Harmonie und Liebe die Beziehungen innerhalb unserer Gesellschaft verändern. Wenn Sie also ein erfülltes Leben leben, im Einklang mit sich selbst und den anderen, dann tragen Sie zu Veränderungen bei, die allen Menschen helfen, Gleichgewicht und Harmonie wiederzufinden. Wenn Sie aufhören, aggressiv zu sein, tragen Sie zur Verbreitung des Friedens bei. Die Sophrologie hilft Ihnen, ein Klima der Ausgewogenheit, der Harmonie und der Liebe zu schaffen und zu erhalten.

Bei Gefahr, Angriff, Ärger und Streß können die Reaktionen Kampf oder Flucht sein. Die Menschen reagieren sehr unterschiedlich. Die Entdeckungen von Dr. Schroedel, („Institute of Living, Hartford, Connecticut") zeigen, daß die erste Reaktion eine gesteigerte Aktivität des sympathischen Nervensystems ist. Die Pupillen weiten sich, um die drohende Gefahr zu suchen. Die zweite Reaktion ist eine Erhöhung der Muskelspannung, zuerst im Bereich der Augen und des Mundes, dann teilt sich die Spannung dem ganzen Körper mit. Drittens halten manche Menschen den Atem an, während andere wiederum sehr rasch zu atmen beginnen. Die vierte Reaktion ist eine stärkere Durchblutung der Hände und Füße, und schließlich kommt es zu einer sehr ausgeprägten Anspannung der Kiefer.

Wir haben eine Methode entwickelt, die auf Automatismen wirkt, um die Auswirkungen dieser Reaktionen zu verringern. Diese Technik kann überall sofort angewandt werden. Mit etwas Übung können Sie sich in einigen Sekunden beruhigen.

### Übung:

*Versuchen Sie zuerst, sich aller Dinge bewußt zu sein, die Sie ärgern oder aufregen. Denken Sie: Ich habe einen wachen Geist in einem entspannten Körper. Lächeln Sie mit den Augen und dem Mund nach innen, damit Sie sich nicht beim geringsten Ärger verspannen. Atmen Sie ruhig ein und zählen Sie dabei bis drei. Stellen Sie sich dabei vor, daß Ihre Atmung bei den Poren Ihrer Fußsohlen beginnt. Sie werden bald Wärme verspüren und das Gefühl haben, daß Ihre Beine schwer werden. Beim Ausatmen entspannt sich der Körper automatisch durch dieses Gefühl von Wärme und Schwere.*

*Zusammenfassend:*

*1. Machen Sie sich Ihr Problem bewußt;*
*2. Bewahren Sie einen wachen Geist in einem entspannten Körper;*
*3. Lächeln Sie nach Innen;*
*4. Atmen Sie tief durch die Fußsohlen.*

Mit dieser Übung entspannen Sie sich sofort. Mit der Zeit werden Sie am Ende der Ausatmungsphase vollkommen entspannt sein.

### Morgenübung

*Sie können jeden Morgen die folgenden positiven Gedanken haben: „Ich werde den ganzen Tag entspannt sein, auch wenn mein Chef mich kritisiert, auch wenn ich Ärger in der Arbeit habe, auch wenn die Kinder unmöglich sind. Ich werde mich auf eine entspannte Haltung konzentrieren, auf mein neu entdecktes Verhalten, auf meinen inneren Frieden in allen Situationen. Nichts kann mich von dieser Haltung abbringen. Wenn es wirklich Probleme gibt, lockere ich die Schultern, löse die verspannten Kiefer und entspanne die Bauchmuskeln. Mein heiteres Verhalten wird nicht nur mich schützen, sondern auch die Aufregung um mich herum mildern. Ich werde mich nicht wegen Nichtigkeiten aufregen. Ich weigere mich, von dem Sturm mitgerissen zu werden, der um mich herum tobt. Nichts auf der Welt kann mich dazu bringen, mich so verkrampfen, daß ich dabei meine Gesundheit und mein Wohlbefinden aufs Spiel setze. Ich werde versuchen, mein Selbstvertrauen zu vergrößern und meine Aggressivität loszuwerden. Ich weiß, daß ich mir selbst schade, wenn ich die Spannungen in meinem Körper zu stark werden lasse. Sobald ich merke, daß mich Nervosität überkommt, werde ich mich sofort entspannen können."*

Und am Abend können Sie dann an Ihren Tag zurückdenken und sich folgende Fragen stellen:

*„Waren meine Gedanken in allen Fällen positiv? Habe ich meine Aggressivität bei jeder Gelegenheit unter Kontrolle gehabt? War meine Haltung gegenüber allen Problemen realistisch?" Nach und nach wird die Bilanz immer positiver.*

Wenn Sie viel gearbeitet haben und sich ein wenig müde fühlen, machen Sie die folgende Übung, um Ihre Müdigkeit loszuwerden.

### Übung gegen Müdigkeit

*Sie stehen in orthostatischer Stellung, im Gleichgewicht auf den leicht gegrätschten Füßen und schließen die Augen. Entspannen Sie die Stirn, die Nase, die Augen und die Lippen. Lockern Sie die Kiefer. Lassen Sie die Schultern fallen und atmen Sie tief durch den Bauch. Konzentrieren Sie sich auf die Atmung. Atmen Sie aus, leeren Sie die Lunge vollständig. Atmen Sie dann soviel Luft ein wie möglich. Wenn die Lunge voll ist, halten Sie den Atem an, ballen Sie die Fäuste ganz fest und spannen Sie alle Muskeln im Körper an, den Rücken, die Arme, die Beine, das Gesicht. Wenn Sie müde sind, entspannen Sie Ihre Muskeln alle gleichzeitig und abrupt, während Sie laut hörbar ausatmen.*

*Machen Sie diese Übung dreimal.*

*Dann legen Sie sich auf den Rücken und stellen sich vor, daß Sie durch eine wunderschöne Landschaft laufen. Sie sind voller Freude. Dann spannen Sie den ganzen Körper an, ballen die Fäuste, bewegen die Hände und die Gesichtsmuskeln, atmen tief ein und aus und öffnen die Augen.*

Ihre Zellen haben sich regeneriert, und Sie haben neue Kräfte, um Ihren Tag mit Schwung zu beenden.

Sie können glücklich sein, auch wenn Sie viele Probleme haben und Ihnen oft unangenehme Dinge passieren. Vergessen Sie nie, daß das Glück in Ihnen liegt, nicht außerhalb Ihrer Person. Wenn Sie unglücklich sind, sind Sie selbst schuld. Versuchen Sie das Warum zu begreifen. Sie fühlen sich unbehaglich, wenn die Situation oder die Menschen um Sie herum nicht Ihren Erwartungen entsprechen. Und das bedeutet, daß Ihr Glück vollkommen davon abhängt, was um Sie herum geschieht. Es besteht ein Unterschied zwischen dem äußeren Ereignis und dem Bild, das Sie sich davon machen, indem Sie auf dieses Ereignis reagieren. Anstatt zu versuchen, die Menschen und die Situationen in Ihrer Umgebung zu verändern, versuchen Sie doch lieber, Ihre Meinung und Ihre Erwartungen zu ändern. Versuchen Sie, die Haltung der anderen zu verstehen. Es ist ganz bestimmt sehr viel einfacher, Ihre Einstellung und Vorstellungen zu ändern als die äußeren Umstände.

Wenn Sie sich im Zustand des sophronischen Bewußtseins befinden, sind Sie in der Lage, Ihre Einstellung zu verändern, um sich einer Situation anzupassen. Sie können lernen, sich auf jede Situation einzustellen, sogar bei offenen Augen. Immer wenn Sie sich angespannt fühlen, wenn die Außenwelt nicht Ihren Erwartungen entspricht, dann verkrampfen Sie sich nicht, verspannen Sie nicht alle Muskeln im Körper, sondern tun Sie genau das Gegenteil. Entspannen Sie sofort das Gesicht, lassen Sie die Schultern fallen und atmen Sie tief durch den Bauch. So können Sie den Streßmotiven eine „Entspannungs-Reaktion" entgegensetzen, anstatt erneut durch Streß zu reagieren. Diese einfache Entspannungsbewegung ist eine ausgezeichnete Möglichkeit, sich in allen unerwarteten Situationen zu schützen. Mit etwas Übung werden Sie rasch in der Lage sein, so zu reagieren und sich zu stärken, um mit jeder beunruhigenden Situation fertigzuwerden. Mit der Zeit schaffen Sie so einen Reflex, einen Zustand anhaltenden Wohlbefindens.

Nun möchte ich Ihnen noch einige Richtlinien geben, die mir wichtig erscheinen und Ihnen auf dem Weg zu Glück und zum Erfolg helfen sollen.

Wenn Sie darauf warten, daß die Liebe von anderen kommt, werden Sie niemals glücklich sein. Beginnen SIE, SICH Tag und Nacht zu lieben, ohne die Erwartung, wiedergeliebt zu werden. Damit befinden Sie sich bereits im Zustand der Zufriedenheit. Liebe ist nicht Besitz, sondern ein bedingungsloses Geschenk. Es ist undenkbar, die Bösen durch Bosheit, die Verleumder durch Verleumdung, die Neider durch Neid oder die Zornigen durch Zorn zu besiegen. Das hieße, sich mit ihnen zu identifizieren, sich mit ihnen auf eine Stufe und in die gleiche Kategorie zu stellen.

Um sich zu schützen, um unverletzlich zu werden, muß man auf eine andere Ebene. Man darf nicht dort bleiben, wo Schwäche und zerstörerische Ausstrahlung und Aggression herrschen. Es ist unerläßlich, sich davon zu distanzieren und aufzusteigen, um edlere, reinere und leuchtendere Regionen zu erreichen.

Hier nun einige Anweisungen, damit Sie ein gutes Gleichgewicht bewahren können. Es ist einfach:

1) *Versuchen Sie, sich an Ihre Träume zu erinnern und sie beim Erwachen aufzuschreiben.*

2) *Trinken Sie beim Aufwachen ein Glas warmes abgekochtes Wasser, um die Blutzirkulation zu verbessern.*

3) *Machen Sie Atemübungen, Sie sind dabei in Harmonie mit dem Universum.*

4) *Essen Sie vernünftig und gesund, wenn möglich vegetarisch.*

5) *Denken Sie jeden Tag einige Minuten lang an Ihre Existenz, und legen Sie dabei die Hand auf den plexus solaris (Mitte zwischen Brustbein und Nabel).*

6) *Leben Sie hier und jetzt. Leben Sie die Gegenwart.*

7) *Spiritualisieren Sie Ihre Tätigkeiten. Beim Gehen sagen Sie sich zum Beispiel innerlich: Liebe – Weisheit – Leben – Harmonie.*

8) *Nehmen Sie vor dem Schlafengehen ein sehr heißes Fußbad (evtl. ansteigend).*

9) *Richten Sie zum Schlafen den Kopf nach Norden aus und legen Sie sich so oft wie möglich auf die rechte Seite.*

# 19 Das goldene Lebensalter

Älterwerden, das Erreichen des goldenen Lebensalters bedeutet nicht zwangsläufig, krank zu werden. Als Pensionist kann man das Leben sehr viel besser genießen als vorher. Die ganze Zeit sollte der Freude am Leben gewidmet werden.

Wenn Langeweile oder Ärger anstehen, nehmen Sie ein Blatt Papier und schreiben Sie auf die linke Seite alles, was Sie in Ihrem derzeitigen Leben positiv sehen. Auf die rechte Seite kommen alle negativen Aspekte. Finden Sie dann heraus, was Sie auf der rechten Seite ändern oder beseitigen könnten. Lösen Sie sich von unnötig gewordenen Zwängen. Auf der positiven Seite denken Sie an alles, was Sie tun können, um diese Aspekte zu vermehren: Angeln, Reisen, Golf oder Tennis spielen, Schach spielen, Kurse auf der Universität oder auf der Volkshochschule, eine Sprache erlernen, Schwimmen, Lesen, ein neues Hobby usw. Wenn Sie dann Ihre Liste korrigiert haben, machen Sie einen Plan für jeden Wochentag und vergessen Sie dabei nicht, mindestens eine halbe Stunde täglich für Bewegung einzuplanen, für Spaziergänge, Sport oder Jogging. Regelmäßige körperliche Betätigung ist notwendig, damit die Gelenke, beweglich bleiben. Bewegung ist eine gute Vorbeugung gegen Krankheiten und gleichzeitig eine gute Therapie gegen Arthritis.

Außerdem wurde bewiesen, daß körperliche Betätigung, Gymnastik oder Sport, das beste Mittel ist, um die negative Reaktion des Körpers auf Streß zu verringern. Bewegung erhält das immunologische Abwehrsystem in gutem Zustand und beugt funktionellen Störungen und Infektionen vor. Solange das Blut ausreichend weiße Blutkörperchen und Antikörper produziert, sind Sie geschützt gegen bakterielle oder virale Erkrankungen und auch gegen Krebs.

Es ist notwendig, das Leben so zu organisieren, daß Spannungen abgebaut werden. Wahrscheinlich haben Sie Probleme, so wie alle Menschen. Ein Leben ohne Probleme wäre auch sehr langweilig. Wichtig ist, sich ihnen zu stellen, sie so zu sehen wie sie tatsächlich sind und nicht unsere subjektive Wahrnehmung überzubewerten.

Wenn Sie in der Lage sind, ein Problem in seiner Realität positiv in Angriff zu nehmen, werden Sie die Lösung finden. Es gibt immer eine Lösung. Ich sage oft: **„Es gibt keine Probleme, es gibt nur Lösungen."**

Ganz egal, welche Probleme Sie haben, hier ist eine Methode zu ihrer Lösung:

## Übung zur leichteren Problemlösung

*Setzen Sie sich bequem hin oder legen Sie sich hin, wenn Ihnen das lieber ist. Denken Sie ganz fest an eines Ihrer Probleme, betrachten Sie es, versuchen Sie, es objektiv zu sehen. Schließen Sie die Augen und beginnen Sie, sich tief zu entspannen, zuerst das Gesicht, alle Muskeln im Körper, bis in die Zehenspitzen. Ihr Körper ist völlig entspannt, Sie fühlen sich wohl. Versuchen Sie nun, Ihren Körper zu vergessen und stellen Sie sich vor, daß Sie an einem wunderschönen Ort sind, wo Sie sich frei und glücklich fühlen – in einer Wiese, im Gebirge oder am Meer. Sie sind allein, umgeben von Bäumen, Blumen, Vögeln. Vielleicht hören Sie einen Bach rauschen und alle Geräusche der Natur. Versuchen Sie, den Duft der Blumen zu riechen und den Wind, der über Ihr Gesicht streicht. Aus dem Nichts taucht nun ein Tier oder ein Mensch vor Ihnen auf. Das kann ein alter Mann sein, eine alte Frau oder auch ein Kind, eine Katze, ein Hund, ein Eichhörnchen. Lassen Sie es auf sich zu kommen. Es kommt näher, es ist völlig präsent. Sie können zu ihm sprechen, ihm ihr Problem erklären. Versuchen Sie, mit ihm Kommunikation aufzunehmen und hören Sie zu, was es Ihnen sagt. Dieses Tier oder diese Person wird Ihr heimlicher Freund werden, Sie können es/sie treffen, sooft Sie wollen. Wenn es/sie geht, kehren Sie geistig dahin zurück, wo Sie sich befinden. Bewegen Sie die Zehen, die Finger, ballen Sie die Fäuste, atmen Sie tief durch, strecken Sie sich und öffnen Sie dann langsam die Augen.*

Diese Methode ist sehr wirksam. Vielleicht finden Sie beim ersten Mal Ihr Tier oder Ihre Person nicht gleich, es ist eine Frage der Übung. Aber wenn es einmal funktioniert hat, wird es bei den folgenden Entspannungsübungen ganz einfach sein. Die Person / das Tier wird zu Ihrem Vertrauten, mit dem Sie jederzeit alles besprechen können. Sie werden sich nie mehr allein fühlen, Ihr Freund wird immer bei Ihnen sein und Ihnen helfen, wenn Sie ihn brauchen.

Dieses Bild ist die Projektion Ihres Unbewußten. Es weiß alles über Sie und hat überhaupt nicht die gleichen Gedanken wie Ihr bewußtes Ich. Es lebt außerhalb von Zeit und Raum, es kann sich in logischen Sätzen ausdrücken oder, häufiger noch, in Symbolen wie im Traum. Dies bedeutet, daß die Antwort, die Sie bekommen, zunächst vielleicht schwer zu verstehen ist. In diesem Fall versuchen Sie, ein anderes Symbol mit der Antwort in Verbindung zu bringen, während Sie sich im Entspannungszustand befinden. Zeichnen Sie zum Beispiel in Ihrem Kopf einen Kreis und versuchen Sie, das Wort Kreis mit einem anderen Bild in Beziehung zu setzen: Kreis – die Vollkommenheit des Kreises – Geist, usw. Wenn Sie das gleiche mit jedem Symbol machen, werden Sie nach und nach die Bedeutung der Botschaften aus Ihrem Unbewußten verstehen lernen.

Für Menschen im goldenen Lebensalter (allgemein als Senioren bezeichnet) ist es wichtig, sich aller Körperteile bewußt zu bleiben und, um der Arthritis vorzubeugen, die Gelenke regelmäßig zu bewegen. Es ist notwendig, den Zellen genügend Sauerstoff zuzuführen, vor allem dem Gehirn, um Gedächtnis und Konzentrationsfähigkeit zu erhalten.

Eine sehr brauchbare Methode zum Erreichen dieser verschiedenen Ziele, in der sich Bewegung und Atmung verbinden, ist die sophrosynchrone Atmung. Sie wird folgendermaßen ausgeführt:

### Übung der sophro-synchronen Atmung

*Nachdem Sie sich völlig entspannt haben, füllen Sie Ihre Lunge mit Luft. Atmen Sie soviel Luft ein wie möglich, halten Sie den Atem an und bewegen Sie einen Körperteil, indem Sie die Muskeln einige Sekunden lang anspannen. Atmen Sie dann langsam aus und entspannen Sie dabei völlig die Muskeln, die Sie zuvor angespannt hatten. Die Übung läuft also in drei Phasen ab:*

*a) Tief einatmen*
*b) Atem anhalten und die Muskelanspannung ausführen*
*c) Langsam ausatmen und in die Ausgangsstellung zurückkehren.*

Wenn Sie diese Übungen, wo die Atmung mit der Bewegung synchronisiert wird, regelmäßig ausführen, werden sich Ihres Körpers immer stärker bewußt, und gleichzeitig fördern Sie die Produktion von Antikörpern und weißen Blutkörperchen.

## Übung

*Setzen Sie sich bequem hin, schließen Sie die Augen und entspannen Sie sich völlig. Machen Sie sich Ihren sitzenden Körper bewußt, kontrollieren Sie, ob alle Muskeln entspannt sind. Atmen Sie nun aus, leeren Sie die Lunge soweit als möglich. Lassen Sie die ganze stagnierende Luft heraus, die aus einer zu flachen Atmung herrührt. Atmen Sie dann ein, zuerst durch den Bauch, dann durch die Brust und schließlich die Schultern. Füllen Sie sich mit Luft. Sie fühlen sich wie ein Luftballon. Wenn die Lunge voll ist, legen Sie langsam den Kopf nach hinten. Sie werden ein Ziehen im Nacken verspüren. Bleiben Sie einige Sekunden in dieser Position. Atmen Sie langsam aus und leeren Sie dabei die Schultern, die Brust und den Bauch gleichzeitig. Bringen Sie den Kopf ganz langsam in die Vertikale. Entspannen Sie sich noch weiter, werden Sie sich Ihres Nackens bewußt, Ihres Kopfes. Konzentrieren Sie sich einige Augenblicke auf Ihr Gehirn, stellen Sie sich vor, daß es wie ein mit glänzenden Sternen übersäter Himmel ist. Jeder Stern ist ein Neuron mit all seinen Fähigkeiten. Dieses Gehirn ist wunderbar. Dann atmen Sie wieder ein, halten Sie den Atem an und beugen Sie den Kopf langsam nach vorn, legen Sie das Kinn auf die Brust. Spannen Sie den Nacken einige Sekunden lang an, atmen Sie dann langsam aus und heben Sie den Kopf wieder. Entspannen Sie sich, denken Sie an Ihren Kopf, Ihren Nacken und Ihr Gehirn.*

*Machen Sie dreimal diese beiden Bewegungen, bewegen Sie dann die Füße und die Hände, strecken Sie die Arme und Beine, atmen Sie tief durch und öffnen Sie die Augen.*

Vergessen Sie nicht, sich zwischen den Bewegungen zu entspannen und sich dabei Ihr Gehirn mit allen seinen Möglichkeiten vorzustellen.

Zusätzlich zur Bewegung des Kopfes können wir die sophro-synchrone Atmung verwenden, indem wir Arme und Beine bewegen (Diese Übungen gehören zur Dynamischen Entspannung).

## Übung zur Dynamischen Entspannung

*Setzen Sie sich und schließen Sie die Augen. Entspannen Sie sich wie gewohnt vollkommen und atmen Sie durch den Bauch. Atmen Sie ganz aus, bevor Sie soviel Luft wie möglich einatmen. Während*

*Ihre Lunge voll ist, strecken Sie beide Arme nach vorn aus. Dehnen Sie sie soweit Sie können. Wenn Sie müde werden, atmen Sie langsam aus und entspannen gleichzeitig die Arme.*

*Wiederholen Sie diese Übung dreimal langsam.*

*Sie werden sich Ihrer Arme und Schultern völlig bewußt. Stellen Sie sich vor, Sie sind in einer wunderschönen Landschaft. Ein kleines Kind kommt auf Sie zu, es kommt ganz nahe und setzt sich auf Ihren Schoß. Sie beobachten es und erkennen sich selbst in ihm wieder. Sie streicheln es, es wird real, ein Kind sitzt auf ihrem Schoß. Versuchen Sie, sich an einen positiven Augenblick Ihrer Kindheit zu erinnern. Stellen Sie ihn sich hier und jetzt vor. Lassen Sie das Kind in sich eindringen. Sie sind eins geworden. Ihnen wird bewußt, daß Sie, selbst wenn Sie alt sind, stets das Kind in sich haben. Das ist wunderbar. Wenn Sie diese Erfahrung gut erlebt haben, bewegen Sie langsam die Zehen, die Hände, strecken Sie den Körper, atmen Sie tief durch und öffnen Sie die Augen.*

Wenn das Kind in ihrer Vorstellung nicht kommt, so hat das keine Bedeutung. Es wird sicher ein andermal kommen, wenn sie geübter sind.

*Setzen Sie sich bequem auf einen Stuhl oder in einen Lehnsessel, schließen Sie die Augen und entspannen Sie sich so vollständig wie möglich. Leeren Sie die Lunge und atmen Sie dann tief ein, Bauch – Brust – Schultern. Halten Sie den Atem an, strecken Sie beide Beine nach vorne aus. Wenn Sie die Beine nicht mehr in dieser Stellung halten können, atmen Sie aus und bringen Sie sie langsam in die Ausgangsstellung zurück. Entspannen Sie sich. Machen Sie die Bewegung dreimal.*

*Sie werden sich Ihrer Beine vollkommen bewußt, Ihrer Hüften, Ihres Bauches. Stellen Sie sich Ihre inneren Organe vor. Wenn Sie eine Operation hinter sich haben, wenn eines Ihrer Organe entfernt worden ist, akzeptieren Sie sich so, wie Sie sind. Stellen Sie sich Ihre Geschlechtsorgane vor, seien Sie glücklich, ein Mann, eine Frau zu sein. Es stimmt nicht, daß man im Alter seine Sexualität verliert. Stellen Sie sich vor, wie Sie in der Zukunft sein werden. Versuchen Sie, Motivationen für ein Leben in Glück und Frieden zu finden. Sehen Sie sich in einem Jahr, aktiv und voller Energie. Programmieren Sie Ihr Gehirn für die Zukunft. Wenn Sie körper-*

*liche Probleme haben, versuchen Sie, sich vorzustellen, daß es Ihnen in den nächsten Tagen viel besser gehen wird. Wenn Sie eine positive Situation visualisiert haben, bewegen Sie die Zehen, die Beine, die Finger, die Hände, strecken Sie sich, atmen Sie tief durch und öffnen Sie die Augen, wenn Sie dazu bereit sind.*

Machen Sie diese Übungen regelmäßig, die Schmerzen können dadurch schwächer werden und sogar ganz verschwinden.

Viele Menschen haben Schmerzen in den Gelenken, wenn sie älter werden, und das ist unangenehm. Sie können diesen Schmerz durch eine andere Empfindung ersetzen.

### Übung gegen Gelenkschmerzen

*Legen oder setzen Sie sich bequem hin und schließen Sie die Augen. Entspannen Sie sich so tief wie möglich, vom Kopf bis zu den Füßen. Konzentrieren Sie sich auf das Gelenk, das am meisten schmerzt. Stellen Sie sich seine Form im Innern des Glieds vor, die Blutgefäße, die sich erweitern und mehr Blut ins Gelenk transportieren. Denken Sie, daß Ihr Schmerz durch Wärme ersetzt wird, 24 Stunden lang. Die Wärme durchdringt Ihre Knochen. Während dieser Zeit verschwindet der Schmerz, die Wärme hat ihn abgelöst. Ihre ganze Aufmerksamkeit konzentriert sich auf das schmerzhafte Gelenk. Ihr Bewußtsein kann die lokale Blutzirkulation verändern. Vielleicht spüren Sie, wie sich die Wärme nach und nach ausbreitet und vollständig Ihren Schmerz ersetzt. Die Wärme ist wohltuend. Machen Sie die Übung in Ihrem eigenen Rhythmus weiter.*

*Bereiten Sie sich nun darauf vor, aus dem Entspannungszustand zurückzukehren. Bewegen Sie die Füße, die Hände, strecken Sie Arme und Beine, atmen Sie und öffnen Sie die Augen.*

Wiederholen Sie die Übung mit allen schmerzenden Gelenken. Wenn Sie wollen, können Sie eine Kassette mit Ihrer eigenen Stimme aufnehmen und regelmäßig üben. Vielleicht schaffen Sie es das erste Mal nicht, aber ich kann Ihnen versichern, daß es mit ein wenig Übung klappen wird.

Viele Menschen glauben, daß man mit zunehmendem Alter vergeßlich wird. Das stimmt nicht ganz. Wir verlieren jeden Tag ungefähr

100.000 Gehirnzellen, die nie wieder ersetzt werden. Wenn man jedoch regelmäßig übt, kann man die Gedächtnisleistung erhalten und sogar verbessern, indem man die Anzahl der genutzten Neuronen erhöht. Es gibt zahlreiche Methoden, um die Gedächtnisleistng zu verbessern oder zu verstärken. Hier nun eine besonders wirkungsvolle, die Dr. Caycedo entwickelt hat:

## Übung Gedächtnistraining

*Legen Sie sich bequem hin und entspannen Sie sich vollkommen. Atmen Sie regelmäßig. Teilen Sie Ihr Leben in drei gleiche Teile auf. Wenn Sie zum Beispiel 63 Jahre alt sind, dann sind das dreimal 21 Jahre. Konzentrieren Sie sich auf den ersten Abschnitt, erinnern Sie sich an ein positives Ereignis, das Sie in Ihrer Kindheit oder Jugend erlebt haben. Stellen Sie sich dieses Ereignis so vor, als geschähe es hier und jetzt. Versuchen Sie, sich an möglichst viele Details zu erinnern. Machen Sie nun das gleiche für den zweiten Lebensabschnitt, zwischen 20 und 40 Jahren. Und dann erinnern Sie sich an ein Ereignis aus den letzten Jahren.*

*Während Sie diese Erfahrung machen, lassen Sie die Freude Ihren Körper durchdringen, alle Ihre Zellen und Ihr ganzes Leben erfassen. Befassen Sie sich nur mit den positiven Szenen. Nachdem Sie diese drei Ereignisse langsam wiedererlebt haben, strecken Sie Arme und Beine, gähnen und atmen tief durch und öffnen dann die Augen.*

Wenn Sie sich beim erstenmal nur an ein oder zwei Ereignisse erinnert haben, so ist das nicht weiter schlimm. Nach mehreren Wiederholungen werden Sie überrascht feststellen, wie gut Ihr Gedächtnis funktionieren kann, wenn Sie entspannt sind. Eine Menge von Ereignissen werden Ihnen in den Sinn kommen, und Ihr Gedächtnis wird Sie in der Folge weniger im Stich lassen.

# 20 Der Tod

Einer der wichtigsten Schritte in der Sophrologie ist die Vorbereitung des Menschen auf einen würdigen, angstfreien Tod. Wir müssen lernen, unseren Tod positiv zu leben anstatt unser Leben zu sterben. Die Vorbereitung auf den Tod nennen wir „Thanatotherapie". Sie wird in hoffnungslosen Fällen angewandt und ist für mich ein sehr wichtiger Bestandteil der Sophrologie.

Der Umgang mit dem Tod ist je nach Kultur sehr unterschiedlich. In den östlichen Ländern sterben die meisten Menschen friedlich. Sie glauben an die Wiedergeburt. Für sie sind Tod und Geburt identisch; also gibt es keinen Grund, vor dem Tod Angst zu haben. Sie glauben daran, daß das, was sie in diesem Leben verbessert haben, ihnen für die Reinkarnation gutgeschrieben wird. Sie gehen von einem Leben ins nächste und entwickeln sich dabei, bis sie die Vollkommenheit erreichen. Erst dann sterben sie wirklich und gehen ins Nirwana, ins ewige Paradies, ein.

Im Westen ist das ganz anders. Niemand weiß, was während des Todes und nach dem Tod passiert, und die meisten Menschen haben panische Angst davor. Der Tod sollte der wichtigste Augenblick des Lebens sein. Jeder muß sich darauf vorbereiten, bewußt zu sterben. Man kann übrigens ganz einfach beweisen, daß wir materiell gesehen ewig sind. Wir wissen, daß die Menge der Energie im Universum immer konstant bleibt. Wir sind ein Teil dieser Energie, und zum jetzigen Zeitpunkt haben wir die Form eines menschlichen Wesens. Ob wir leben oder tot sind, die Gesamtenergiemenge bleibt gleich.

Jeder von uns ist ein Teil des Universums. Wir sind alle wichtig in dem Sinn, daß das Universum ohne uns nicht das gleiche wäre. Wir werden in alle Ewigkeit ein Teil des Universums bleiben. Das bedeutet, wenn unser Körper in seiner ursprünglichen Form verschwindet und wieder zu Staub wird, dies von der Energie her gesehen kein wirkliches Verschwinden ist, sondern Um-Wandlung. Wir sind nicht nur ein Körper, wir haben auch eine Seele und, was noch wichtiger ist, einen Geist. Ich glaube, daß nach dem Tod unsere Psyche für immer davongeht. Unser Geist bleibt und ist unsterblich. Die meisten westlichen Religionen besagen, daß es nach dem Tod eine Ewigkeit gibt.

## Gedanken zur Reinkarnation

Was die Reinkarnation betrifft, so gibt es einige in der Wissenschaft beschriebene Fälle unter der Bezeichnung „extra-zerebrales Gedächtnis", die eventuell als Beweis dafür angesehen werden können.

In der Türkei lebte einmal ein Junge, der immer zu seinen Eltern sagte: „Ich möchte nach Hause. Ich lebe nicht hier, sondern anderswo. Dorthin möchte ich zurückkehren, um meine Frau und meine Kinder zu sehen." Dieser kleine Junge war mit einem Loch im Kopf zur Welt gekommen, das nach einigen Monaten spurlos verschwunden war. Er wiederholte immer das gleiche und fügte oft hinzu: „Ich heiße Abeit Suzulmus, ich habe eine Frau und drei Kinder, und ich bin ermordet worden. Ich habe meine erste Frau verstoßen, denn sie konnte keine Kinder bekommen." Jedesmal fügte er einige neue Einzelheiten aus seinem früheren Leben hinzu. Er sprach von seiner kleinen Stadt, von seinem Haus, erwähnte Namen und zahlreiche Fakten und behauptete, daß ihm jemand eine große Geldsumme schulde.

Der Vater schrieb alles auf, was der Junge sagte. Als dieser sieben Jahre alt war, beschloß er, den Ort aufzusuchen, von dem sein Sohn sprach. Das Kind erkannte sofort die Leute, rief sie bei ihrem Namen und fand seine ganze Familie wieder. Alles, was er erzählt hatte, entsprach ganz genau dem Leben eines Mannes namens Abeit Suzulmus, der vor zehn Jahren durch einen Kopfschuß getötet worden war. Man hatte ihn mit einem Loch im Schädel tot aufgefunden und alle Einzelheiten stimmten. Das Kind erkannte den Mann, der bei ihm Schulden hatte und der auch diese Tatsache bestätigte.

Dieser Fall wurde vom Institut für Parapsychologie in Jaipur in Indien berichtet. Es gibt zahlreiche andere Fälle, die aus verschiedenen Regionen stammen.

Z.B. die Geschichte von Swarna Lata, einem kleinen Mädchen, das im Norden Indiens lebte. Sobald sie sprechen konnte, erzählte sie immer die Geschichte von ihrem anderen Haus in Katni. Sie berichtete Details über ihre Familie und die Stadt, wo sie früher gelebt hatte.

Auch ihr Vater schrieb alles auf, was sie erzählte, und als sie groß genug war, beschloß er, mit ihr nach Katni zu fahren. Dort erkannte sie alles, nannte die Menschen bei ihrem Namen und kommentierte, was sich in der Stadt alles verändert hatte. Sie führte ihren Vater zu „ihrem Haus", das genauso war, wie sie es vor dem Besuch beschrieben und gezeichnet hatte.

Solche Fälle sind durchaus nicht selten, und viele finden sich in parapsychologischen Publikationen. Beweist das, daß es die Reinkarnation gibt? Vielleicht. Die Szenen und Bilder, die ins Bewußtsein der Kinder gelangen, können aus dem kollektiven oder familiären Unbewußten stammen, das C.G. Jung beschreibt. In diesem Fall sprechen wir nicht von Wiedergeburt, sondern vom unbewußten Gedächtnis. Jeder kann denken, was er will. Aber der Fall von Abeit Suzulmus mit dem Loch im Schädel scheint doch eine wirkliche Reinkarnation zu sein.

Ich selbst habe sehr interessante Fälle beobachtet. Vor einigen Jahren habe ich mit chronisch Kranken einige Rückführungen gemacht. Manchmal erzielen wir mit dieser Technik gute Ergebnisse bei erblichen Krankheiten. Mehrere Male habe ich gehört, wie meine Patienten im sophronischen Zustand bei einer Rückführung eine fremde, ihnen unbekannte Sprache sprachen oder eine Situation beschrieben, die gut aus einem früheren Leben stammen könnte.

Ich erinnere mich an ein junges Schweizer Mädchen von zwanzig Jahren, das sich an ein früheres Leben in Bordeaux erinnerte. Sie gab mir eine Fülle von Daten, Namen und Adressen in dieser Stadt. Ihr früherer Name war Jeanne Pithon. Sie beschrieb sogar ihren Tod nach einem Reitunfall. Ich mußte zu einem Vortrag nach Bordeaux und ging dort zum Standesamt, um herauszufinden, ob diese Familie und die Adresse stimmten. Alle Informationen waren richtig.

Sue, eine junge Amerikanerin, begann während der Rückführung finnisch zu sprechen. Victor, ein junger amerikanischer Student, sprach russisch. Michel, ein französischer Arzt, begann deutsch zu sprechen, obwohl er nie in Deutschland gewesen war und diese Sprache nie erlernt hatte. Solche Fälle sind keine Seltenheit. Ich selbst kenne mindestens vierzig.

Die Erklärung für diese Phänomene kann empirisch (Wiedergeburt) sein oder wissenschaftlich, nach den Thesen von Jung. Wahrscheinlich können wir alle unbewußt mehrere Sprachen; dieses unbewußte Gedächtnis könnte unvermittelt für eine bestimmte Zeit ins Bewußtsein vordringen, während der Patient in einen sophronischen Bewußtseinszustand versetzt wird. Wir müssen auf jeden Fall diese Tatsache akzeptieren, auch wenn wir weder das Warum noch das Wie verstehen. Wenn wir noch von vielen weiteren Fällen hören, werden wir bestimmt in der Lage sein, das Phänomen wissenschaftlich zu erklären. Vielleicht gibt es die Reinkarnation, vielleicht auch nicht. Wenn wir es sicher wüßten, dann könnten wir mit einem Lächeln auf den Lippen sterben, in dem Wissen, daß der Tod nicht das Ende, sondern ein neuer Anfang ist.

Seien wir also bereit für eine neue Geburt.

Es gibt eine Methode, die ich gern in Seminaren speziell für Menschen im goldenen Lebensalter verwende. Wenn Sie wollen, können Sie eine Kassette mit Ihrer Stimme aufnehmen. Sprechen Sie dabei langsam und gleichmäßig. Besser ist es jedoch, diese Übung unter der Aufsicht eines Sophrologen zu machen.

### Übung für eine bessere Akzeptanz des Todes
(unter Aufsicht empfohlen)

*Legen Sie sich hin und hören Sie zu.*

*„Ich liege bequem auf meinem Bett und schließe die Augen. Ich beginne, die Arme und Beine so fest wie möglich anzuspannen. Ich behalte diese Spannung ungefähr dreißig Sekunden bei. Ich entspanne meine Muskeln völlig, ich entspanne die Stirn, die Muskeln im Bereich der Augen, der Wangen, der Lippen, der Zunge. Ich löse die Muskeln der Kiefer, im Nacken. Ich lasse die Spannung in den Schultern, in der Brust los. Ich konzentriere mich einen Augenblick auf meine Atmung. Ich atme regelmäßig und tief durch den Bauch. Bei jedem Ausatmen entspanne ich mich noch mehr.*

*Ich entspanne den Bauch, die Oberschenkel, die Knie, die Unterschenkel und die Füße, bis zu den Zehenspitzen. Mein Körper ist vollkommen entspannt. Ich kann auch mein Gehirn entspannen, als wäre es ein Muskel. Ich bin am Rand des Schlafes.*

*Ich verlasse meinen Körper und mache eine imaginäre Reise in den Raum. Ich entferne mich und sehe meinen Körper, der auf dem Bett liegt, in allen Einzelheiten. Ich weiß, daß mein Körper in der Zukunft nicht mehr da sein wird, aber es macht mir nichts aus. Ein Teil von mir ist in der Lage, ihn zu verlassen und zu reisen. Ich verlasse mein Zimmer und begebe mich hinaus. Es kann kalt oder warm sein. Ich spüre es nicht, ich bin unempfindlich gegenüber der Außentemperatur. Ich steige durch die Wolken zum Himmel, ich steige auf zur Sonne, ich sehe die Sonne vor mir und bewege mich durch den Raum. Ich fühle mich frei und glücklich, leicht. Hinter mir sehe ich mein Land und bald die ganze Erde, die immer kleiner wird.*

*Ich werde mir der Dimension des Universums bewußt, ich bin ein Teil des Universums. Die Sonne wird vor mir größer. Sonne – Liebe – Energie – Harmonie. Ich lasse meine Vergangenheit hinter mir. Ich weiß, ich kann sie nicht verändern. Ich akzeptiere mein Leben, so wie es ist. Ich löse mich von meinen Fesseln, von allen meinen Kenntnissen, die völlig bedeutungslos werden. Ich weiß, daß ich nichts weiß. Ich bin von meinem Körper befreit. Ich verlasse die Erde und sehe, wie die Sonne immer größer wird. Ich komme ihr ganz nah. Ich bin überrascht, die große Hitze nicht zu spüren. Ich kann in die Sonne eindringen. Ich bin in der Sonne – Energie – Liebe – Kraft. Ich werde durchdrungen von unendlicher Kraft und Liebe. Zeit und Raum sind aufgehoben. Ich bin vollkommen frei und glücklich. Ich fühle mich bereit, reines Bewußtsein zu werden. Ich bleibe einen Augenblick in diesem wunderbaren Zustand.*

*Wenn ich es wünsche, bereite ich mich auf die Rückkehr zur Erde vor. Ich verlasse die Sonne. Ich weiß, daß ich zurückkehren kann, wenn ich es will. Ich trete die Rückreise an, um meinen Körper wiederzufinden. Ich gleite auf einem Sonnenstrahl. Die Erde unter mir wird größer. Ich sehe mein Land, mein Haus, meinen Körper. Ich kehre in meinen Körper auf dem Bett zurück. Ich fühle mich durchdrungen von Energie und Liebe.*

*Ich bleibe einen Augenblick ganz ruhig und bereite mich auf die Rückkehr aus dem Entspannungszustand vor. In der Phantasie bewege ich meine Arme und Beine nacheinander, und dann tue ich es wirklich, sobald ich dazu bereit bin. Ich schlucke, strecke meine Gliedmaßen, meinen ganzen Körper. Ich atme einmal ganz tief ein und aus und öffne dann, während ich wieder regelmäßig und leise atme, die Augen."*

Diese Methode erhöht die Energie und die körperliche Kraft. Machen Sie sie nur, wenn Sie genügend Zeit dafür haben.

Die soeben beschriebene Technik wird bei der Arbeit mit Menschen im goldenen Lebensalter ständig verwendet. Sie gibt neue Energie, kann aber auch Menschen auf ihr Lebensende vorbereiten, auf einen friedlichen Tod, wenn man eine Methode aus dem Tao hinzufügt, „die Reise durch die sieben Täler". Diese wichtige Technik darf nur unter Aufsicht eines speziell ausgebildeten Sophrologen angewendet werden, niemals allein. Sie besteht aus einer Reise in unserer bewußten Welt, bei der wir immer tiefer ins Unbewußte eindringen, und schließlich kommen wir zum kollektiven Unbewußten und zum Tod. Wir machen die Erfahrung unseres eigenen Todes, nachdem wir alle affektiven, materiellen, gefühlsmäßigen Bindungen hinter uns gelassen haben, alle unsere Kenntnisse, nachdem wir unseren Körper verlassen haben, um in eine neue Dimension einzugehen. Wir durchqueren sieben Täler.

Am Ende der Sitzung, die ungefähr eineinhalb Stunden dauert, machen wir die Erfahrung einer neuen Geburt, eines neuen Lebens außerhalb der materiellen Existenz. Ich kenne keine bessere Technik, um Menschen auf das Sterben vorzubereiten, damit sie friedlich und frei von Ängsten sterben können.

Der Tod sollte eine positive Erfahrung sein, ein totales Einswerden und der beste Moment in unserem Leben. Es ist wichtig, bei vollem Bewußtsein zu sterben. Bei einem plötzlichen Tod scheint das Phänomen das gleiche zu sein. Man muß sich darauf vorbereiten.

Viele Forscher haben versucht zu verstehen, was nach dem Tod geschieht. Moody, ein sehr bekannter amerikanischer Autor, hat ein Buch darüber geschrieben – „Das Leben nach dem Leben". Er beschreibt darin einige Fälle von Menschen, die bereits klinisch tot waren und zurückgekehrt sind. Er bat sie, über ihre Erfahrungen zu berichten. Die Beschreibung war immer positiv. Die meisten sahen ein wunderbares Licht, das sie stark anzog. Kein einziger beschrieb eine negative oder schmerzhafte Reaktion.

Der Tod sollte nicht eine Folge von Krankheit sein. Normalerweise sollten wir gesund geboren werden und unser ganzes Leben bei guter Gesundheit sein. Älterwerden bedeutet nicht automatisch, daß wir krank werden, obwohl diese Meinung weit verbreitet ist. Wir sterben, weil der Körper abgenützt ist und weil der Zeitpunkt gekommen ist. Es ist nicht zwingend, monatelang zu leiden und im Krankenhaus zu sterben.

Wenn man normal lebt, ohne übermäßigen Streß, im Gleichgewicht und in Harmonie, wenn man sich natürlich ernährt und schädliche Nahrungsmittel meidet, wenn man viel Liebe gibt und bekommt, können alle Menschen ein glückliches Leben haben und bis zum Ende gesund sein. Wir wissen, daß es möglich ist. Die Sophrologie lehrt uns, glücklich zu leben und zu sterben.

# 21 Der Sport

Nicht allein durch Körpertraining und Technik, vor allem auch mental werden Sportler auf Wettkämpfe vorbereitet. Durch Visualisierung (bildhafte Vorstellung) sowie Entspannungs- und Atemtechniken werden sie zu ihren Spitzenleistungen geführt. Das körperliche Training wird zudem durch gezielte mentale Übungen unterstützt. Über 200 Medaillengewinner wurden durch die Sophrologie auf ihre Wettbewerbe vorbereitet.

1967 hatte ich bereits Gelegenheit, mit Hilfe der sophrologischen Techniken drei bekannte Schweizer Skiläufer auf die Olympischen Winterspiele von Grenoble 1968 vorzubereiten. Damals wurde die Sophrologie zum erstenmal im Sport angewandt, und der Erfolg war ganz erstaunlich: die Schweizer erreichten in Grenoble drei Medaillen. In den Schlagzeilen stand damals: Drei Medaillen für die Sophrologie.

1968 haben wir die ganze Alpinmannschaft und auch die Springer betreut. Zum erstenmal in der Geschichte des nordischen Skilaufs waren drei Schweizer Springer bei den Sprungwettbewerben in Stribske Pleso unter den ersten Zehn. Wir haben diese sophrologische Vorbereitung dann für die Olympischen Winterspiele in Sapporo 1972 weiterbetrieben. Der Erfolg schlug sich in mehreren Medaillen nieder.

Damals wurden bekannte Schweizer Rennläufer wie Bernhard Russi, Roland Collombin, Walter Tresch, Werner Mattle, Lise-Marie Morerod und Marie-Theres Nadig in den alpinen Wettbewerben, sowie die Springer Walther Steiner und Hans Schmid, mit sophrologischen Methoden vorbereitet. Alle haben Medaillen gewonnen. Das ist kein Zufall, sondern auf das körperliche und sophrologische Training zurückzuführen, durch das sie zum richtigen Zeitpunkt in Spitzenform waren und ausgezeichnete Ergebnisse erzielen konnten.

Sie standen in jenem Jahr auf der Liste der weltweit besten Skiläufer. Zusätzlich zu ihrer ausgezeichneten körperlichen und technischen Vorbereitung machten sie alle regelmäßig ein speziell für sie entwickeltes sophrologisches Training, das sie vor jedem Rennen anwendeten.

Später wurden zahlreiche international bekannte Schweizer Sportler, wie Kunstflieger, Scharfschützen, Eisläufer, Fechter, Boxer, Segler, Bobfahrer, Radfahrer, Tennisspieler und viele andere durch die Sophrologie auf den Wettkampf vorbereitet. Das verbesserte nicht nur ihre Leistungen, sondern beeinflußte auch ihr Leben.

Wie kann man die Sophrologie beim Wettkampfsport anwenden? Wir haben Methoden, um Angst und Lampenfieber zu verringern, und andere, um den Kampfgeist und das Selbstvertrauen zu stärken. Diese Techniken entwickeln gleichzeitig körperliche und psychische Energie.

Die sophrologische Methode zur Vorbereitung von Wettkampfsportlern ist ein wenig kompliziert. Ich kann Ihnen aber einige der von uns entwickelten Techniken erklären, die auch Sie anwenden können.

Es ist so, daß eine direkte Verbindung zwischen Muskeln und Gehirn besteht. Wenn Sie ein großes psychisches Problem haben, wenn sie geistig angespannt sind, verlieren Sie ganz oder teilweise die Kontrolle über Ihre Bewegungen, was die Chancen für eine gute Leistung beträchtlich verringert. Aus diesem Grund muß man als erstes lernen, die körperliche Verspannung zu spüren. Man muß sich dieser Verspannung bewußt sein und die Empfindung spüren, um fähig zu werden, diese unnötigen Verspannungen sofort abzubauen.

Wenn Sie zum Beispiel vor der Teilnahme an einem wichtigen Wettbewerb Angst haben, spannen sich alle Muskeln an, und es wird unmöglich, eine gute Leistung zu erbringen. Wenn Sie jedoch in der Lage sind, diese körperliche Spannung zu beseitigen, überwinden Sie gleichzeitig Ihre Angst. Das nennt man Feedback.

Das Wort Feedback kann man schlecht übersetzen, aber man kann es vereinfacht so definieren:

„Eine körperliche Anspannung beseitigen, um eine geistige Spannung zu überwinden."

Um diesen Vorgang besser zu begreifen, stellen Sie sich vor, Sie haben morgen einen Wettbewerb.

### *Übung zum Angstabbau*

*Legen Sie sich hin, schließen Sie die Augen und beginnen Sie, sich zu entspannen, wie immer ausgehend vom Gesicht und weiter bis zu den Zehenspitzen. Wenn Sie ganz entspannt sind, stellen Sie sich vor, Sie müssen morgen bei einem sehr wichtigen Wettbewerb starten und Sie werden dabei genauso ruhig und entspannt sein wie jetzt. Versuchen Sie, sich in Aktion zu sehen, mitten in der Anstrengung. Es ist Realität. Sie erleben den Wettbewerb vom Anfang bis zum Ende. Sie sind in ausgezeichneter Form, Sie machen keinen einzigen Fehler. Sie haben Ihre Bewegungen und Gefühle völlig unter Kontrolle.*

*Da Zeit und Raum im sophronischen Zustand aufgehoben sind, können Sie das Ganze in einigen Sekunden oder, wenn Ihnen das lieber ist, in einigen Minuten erleben.*

*Wenn Sie im Ziel angekommen sind, können Sie mental dahin zurückkehren, wo Sie sich jetzt gerade befinden. Beginnen Sie, langsam die Zehen und Finger zu bewegen, dann das Gesicht. Strecken Sie nun den ganzen Körper. Atmen Sie tief durch und öffnen Sie die Augen.*

Sie haben nun in der Phantasie im sophronischen Zustand einen perfekten Wettbewerb absolviert. Sie sind voll Selbstvertrauen und denken nun bis zum nächsten Tag nicht mehr daran, oder so wenig wie möglich.

Wenn Sie mental auf diese Weise einen bevorstehenden sportlichen Wettkampf in allen Einzelheiten vorbereiten, verwenden Sie eine statische Methode. Sie sind ruhig und entspannt, Sie stellen sich das Ereignis vor. Diese Technik dürfen Sie nur am Tag oder an den Tagen vor dem Wettkampf anwenden, nie am Tag selbst. Denn mit statischen Methoden ist man knapp vorm Einschlafen, und dadurch fühlt man sich kurze Zeit etwas weniger energiegeladen.

Um die körperliche Energie vor einem Wettbewerb zu steigern, gibt es Übungen aus der Dynamischen Entspannung in Verbindung mit der positiven Vorstellung des Wettkampfes. Diese Techniken sind sehr effizient; man hat herausgefunden, daß sie die Muskelkraft, die körperliche Widerstandskraft und die Konzentrationsfähigkeit verbessern. Am besten ist es, diese Übungen einige Minuten vor dem Start zu machen, um ein Maximum an Dynamik zu entwickeln.

Die Übungen aus der Dynamischen Entspannung führen zu einem erhöhten Sauerstoffgehalt in allen Organen und im Gehirn. Um eventuelle Probleme, die im Zusammenhang mit der Sauerstoffsättigung und dem Absinken von $CO_2$ im Blut entstehen können, zu vermeiden, müssen die Übungen langsam, ohne Anstrengung und nicht zu lange gemacht werden.

Es ist ratsam, öfters zu Hause zu üben, um die Wirkung voll unter Kontrolle zu haben. Anschließend kann man sie kurz vor einem Rennen oder anderen sportlichen Ereignis ausführen.

### Übung zur Wettbewerbsvorbereitung

*Sie stehen aufrecht mit leicht gegrätschten Beinen und schließen die Augen. Entspannen Sie das Gesicht, die Schultern, den Bauch. Atmen Sie nur durch den Bauch. Stellen Sie sich Ihren nächsten sportlichen Bewerb vor. Merken Sie, wie ruhig und friedlich Sie sind. Beginnen Sie nun mit der schnellen Bauchatmung – so schnell wie möglich. Beim Einatmen bläht die Luft den Bauch auf, beim Ausatmen, wenn die Luft entweicht, fällt er zusammen. Machen Sie diese sehr schnelle Bewegung, bis Sie einen leichten Schmerz im Kreuz verspüren. Verlangsamen Sie nun die Atmung und entspannen Sie sich. Denken Sie an Ihren Erfolg. Sie sind der Sieger. Strecken Sie sich nun genüßlich und öffnen Sie die Augen. Reaktivieren Sie alle Gliedmaßen mit Freude.*

Wenn Sie keinen Sport betreiben, können Sie sich bei dieser Übung vorstellen, daß Ihnen eine andere Tätigkeit gelingen wird und daß Sie sie mit Vergnügen ausführen.

Diese Anwendung der Dynamischen Entspannung ist sehr hilfreich für die positive Programmierung der Zukunft.

Eine andere Übung aus der Dynamischen Entspannung erhöht beträchtlich die Energie.

### Übung zur besseren Energienutzung

*Sie stehen aufrecht in bequemer Stellung und schließen die Augen. Entspannen Sie sich so vollkommen wie möglich. Werden Sie sich Ihrer Haltung zwischen Himmel und Erde bewußt – der Haltung eines gesunden Wesens. Entleeren Sie die Lunge vollständig, atmen Sie tief aus, dann langsam ein. Füllen Sie zuerst den Bauch, dann die Brust und den Schulterbereich. Atmen Sie soviel Luft wie möglich ein. Halten Sie nun den Atem an. Sie fühlen sich wie ein riesiger Ballon.*

*Während Sie immer noch die Luft anhalten, schütteln Sie energisch die Schultern, die Arme bleiben locker. Heben und senken*

*Sie sie schnell, bis Sie den Atem nicht länger anhalten können.*
*Atmen Sie dann kräftig schnaubend durch die Nase aus. Wieder-*
*holen Sie die Übung dreimal. Denken Sie nun an die Energie, die*
*in Ihnen ist und Ihnen beim nächsten Rennen oder bei einem*
*anderen Unterfangen zum Sieg verhelfen wird. Wenn Sie ganz ent-*
*spannt und ruhig sind, öffnen Sie die Augen.*

Um die körperliche und geistige Energie zu steigern, muß die Sauerstoffmenge und die kosmische Energie im Körper, im Gehirn und in
den Muskeln vermehrt werden. Dieser zusätzliche Sauerstoff verbessert die Reflexe. Die Muskeln funktionieren besser. Mehr Sauerstoff im
Gehirn verbessert die Konzentration und die Gedächtnisleistung.

Aus diesem Grund sind die Atemübungen sehr wichtig bei sportlichen
Wettbewerben und bei körperlicher Betätigung ganz allgemein. Wenn
Sie sich optimal konzentrieren können, steigen Ihre Erfolgschancen.
Zum Beispiel im alpinen Skilauf ist es notwendig, sich den Verlauf einer
Abfahrt oder eines Slaloms genau einzuprägen.

Wenn Sie müde oder ängstlich sind, sammelt sich Milchsäure in den
Muskeln an. Wenn Sie dagegen Sauerstoff inhalieren, reduziert sich die
Menge an Milchsäure und an toxischen Substanzen im Körper.

Durch die Übungen aus der Dynamischen Entspannung können Sie
Ihre körperliche und geistige Leistungsfähigkeit steigern.

Dynamische Entspannung können Sie machen, so oft Sie wollen. Sie
können auch die vorher beschriebenen Atemübungen machen, wenn
Sie sich müde fühlen. Jede Übung kann für sich oder in Verbindung mit
anderen Übungen gemacht werden.

Eine andere Übung in der Dynamischen Entspannung verbessert die
Durchblutung des Gehirns.

### Übung zur besseren Gehirndurchblutung

*Sie stehen bequem mit leicht gegrätschten Beinen und halten nur*
*eine leichte Spannung, um im Gleichgewicht zu bleiben. Schließen*
*Sie die Augen. Entspannen Sie das Gesicht, die Schultern und den*
*Bauch. Atmen Sie langsam und tief durch den Bauch. Bewegen Sie*
*den Kopf hin und her, als wollten Sie NEIN sagen, ohne die Schul-*
*tern zu bewegen. Mehrere Male, langsam. Nicken Sie dann JA mit*
*dem Kopf, in einer ganz langsamen vertikalen Bewegung. Versu-*

*chen Sie, mit dem Kinn die Brust zu berühren und dann den Kopf soweit wie möglich nach hinten zu biegen, ohne den übrigen Körper zu bewegen. Langsam, tief atmen.*

*Machen Sie diese Übung in einer möglichst regelmäßigen Bewegung und stellen Sie sich dabei Ihre Zukunft positiv vor.*

*Wenn Sie fertig sind, bewegen Sie die Zehen und die Finger, die Arme und die Beine, indem Sie sie nacheinander leicht beugen. Bewegen Sie die Gesichtsmuskeln, strecken Sie sich, strecken Sie die Arme über den Kopf und öffnen Sie die Augen.*

Durch diese Übung verbessern Sie die Blutzufuhr zum Gehirn und lockern gleichzeitig den Nacken, was gut gegen Kopfschmerzen ist und Blockaden löst.

Hier eine andere ähnliche Übung, die jedoch spezifischer für sportliche Wettkämpfe entwickelt wurde.

### Übung zur Wettkampfvorbereitung

*Sie stehen mit geschlossenen Augen entspannt da und machen sich Ihren Körper bewußt, Ihr Gewicht auf den Fußsohlen. Atmen Sie tief durch den Bauch. Beugen Sie den Rumpf vor und atmen Sie dabei aus. Knicken Sie in den Hüften ab und lassen Sie die Arme locker hängen. Entspannen Sie den Nacken. Füllen Sie die Lunge mit Luft und richten Sie sich dabei auf. Beginnen Sie nun, langsam mit dem Rumpf zu kreisen, zur Seite, nach hinten, zur anderen Seite, nach vorne, und behalten Sie dabei die Luft in der Lunge. Kreisen Sie dann in die andere Richtung, immer noch mit entspanntem Nacken.*

*Machen Sie diese Übung mehrere Male, aber ohne Anstrengung. Wahrscheinlich fühlen Sie leichten Schwindel. Atmen Sie nun aus, entleeren Sie die Lunge vollständig, beugen Sie sich dabei vor und richten Sie sich langsam wieder auf. Atmen Sie normal. Entspannen Sie sich noch mehr. Stellen Sie sich Ihren nächsten sportlichen Wettkampf vor. Denken Sie an alle Einzelheiten dieses unmittelbar bevorstehenden Ereignisses.*

*Um aus der Entspannung zurückzukehren, machen Sie die üblichen Bewegungen – Zehen – Finger – Gesicht.*

*Atmen Sie tief durch, strecken Sie sich und öffnen die Augen.*

Wenn Sie wollen, können Sie sich auch den positiven Verlauf einer Arbeit vorstellen, die Sie geplant haben.

Bei dieser Übung haben Sie die Blutzufuhr zum Gehirn erhöht, den Nacken entspannt und die ganze Wirbelsäule gelockert, wo enorme Spannungen sitzen. Sie haben Ihre Energie erneuert, um einen Wettkampf zu gewinnen oder einfach, um Ihre Arbeit wieder aufzunehmen.

Beim Lesen dieser Seiten haben Sie – so hoffe ich zumindest – mehrere Übungen aus der Dynamischen Entspannung erprobt, wie zum Beispiel die beschleunigte Atmung, totale Atmung mit Bewegung der Schultern, NEIN-JA-Bewegung mit dem Kopf und Rumpfkreisen.

Hier einige andere:

### Übung mit Muskeldruck

*Sie stehen aufrecht, entspannen sich und schließen die Augen. Atmen Sie langsam und tief durch den Bauch. Spannen Sie nun die Halsmuskeln und die Mundwinkel an und beißen Sie gleichzeitig die Zähne zusammen. Sie werden das Gefühl haben, die Brust anzuheben. Nach einigen Kontraktionen, wenn Sie genug haben, strecken Sie sich. Denken Sie, daß das Leben schön ist, atmen Sie tief durch und öffnen Sie die Augen.*

Diese Bewegung übt einen Muskeldruck auf die Schilddrüse aus, welche einen Teil ihrer Hormone ausschüttet. Durch diese Massage der Drüse, können Sie Ihr körperliches Potential für sportliche Wettkämpfe und andere Leistungen verbessern.

### Übung zur besseren Potentialausschöpfung

*Sie stehen aufrecht mit geschlossenen Augen und beginnen, alle Muskeln im Körper so tief wie möglich zu entspannen. Halten Sie gerade genug Spannung, um im Gleichgewicht zu bleiben. Kontrollieren Sie Ihre Bauchatmung. Atmen Sie aus und entleeren Sie dabei vollständig die Lunge. Atmen Sie dann langsam durch den Bauch ein, füllen Sie ihn mit Luft, dann die Brust und den Schulterbereich. Halten Sie den Atem an und strecken Sie die Arme vor, ballen Sie die Fäuste und beschreiben Sie mit den Armen schnelle*

*große Kreise. Halten Sie dabei den Atem an. Wenn Sie müde wer-*
*den, atmen Sie heftig schnaubend und so schnell wie möglich*
*durch die Nase aus. Der Mund bleibt geschlossen, Sie werfen die*
*Arme nach vorn und haben dabei die Hände offen und entspannt.*
*Wiederholen Sie dieses Kreisen zwei- bis dreimal, ganz nach Belie-*
*ben. Entspannen Sie sich dann vollkommen. Machen Sie sich*
*bewußt, daß Ihr Körper voller Energie ist, daß Sie in Spitzenform*
*sein werden.*

*Dann lassen Sie sich Zeit und machen die notwendigen Bewegun-*
*gen, um den Muskeltonus wiederherzustellen – Zehen – Hände –*
*Gesicht – alle Muskeln im Körper. Öffnen Sie die Augen.*

Sie machen mit dieser Übung eine bereichernde und dynamisierende
Erfahrung für die Ausübung Ihrer Lieblingssportart oder jeder anderen
gegenwärtigen oder zukünftigen Tätigkeit.

### Übung zur tiefen Entspannung

*Sie stehen aufrecht und entspannen sich. Nachdem Sie Gesicht*
*und Schultern entspannt haben, atmen Sie tief und langsam durch*
*den Bauch. Werden Sie sich bewußt, wie Ihr Körper durch Raum*
*und Zeit begrenzt ist. Akzeptieren Sie ihn so, wie er ist. Atmen Sie*
*aus. entleeren Sie die Lunge vollständig. Atmen Sie nun ein, bla-*
*sen Sie den Bauch wie einen Ballon auf, dann die Brust und die*
*Schultern. Wenn Sie ganz mit Luft gefüllt sind, halten Sie den*
*Atem an und spannen Sie alle Muskeln im Körper – Gesicht, Kiefer,*
*Rücken, Arme, Beine, Brust und Bauch, als wollten Sie Luft in den*
*ganzen Körper schicken. Wenn Sie müde werden, lassen Sie unver-*
*mittelt alle Muskeln los und atmen Sie dabei laut durch die Nase*
*aus. Projizieren Sie sich positiv in die Zukunft und nehmen Sie Ihre*
*normale Atmung wieder auf. Bewegen Sie nun die Zehen, die*
*Hände, strecken Sie sich lange. Machen Sie einen tiefen Atemzug*
*und öffnen Sie langsam die Augen.*

Diese Übung sollte Ihnen helfen, sich noch tiefer zu entspannen,
immer wenn Sie das Bedürfnis danach haben.

Wenn Sie nicht besonders fit sind, machen Sie sie langsam, ohne
Anstrengung. Wenn Ihnen schwindlig wird, setzen Sie sich sofort.

Mit ein wenig Übung können Sie Blockaden lösen und den Energiefluß steigern.

Zusammenfassend kann man sagen, daß die Techniken der Dynamischen Entspannung folgendermaßen ablaufen:

a) im Stehen

b) vollkommen entspannt

c) mit Bauchatmung.

Dann kommen die eigentlichen Übungen, nämlich:

1) Beschleunigte Bauchatmung

2) Bewegung der Schultern bei angehaltenem Atem

3) JA-NEIN-Bewegungen mit dem Kopf

4) Rumpfkreisen

5) Anspannen des Halses (Massage der Schilddrüse)

6) Armkreisen, stoßartig durch die Nase ausatmen

7) Anspannen aller Muskeln im Körper

Nach jeder Übung, die ein oder mehrere Male durchgeführt wird:

– Machen Sie sich alle Empfindungen des Körpers bewußt

– Stellen Sie sich die Zukunft positiv vor.

Am Ende der Übung ist es unbedingt notwendig:

– Den Muskeltonus wiederherzustellen und in die Realität zurückzukehren, indem man die Zehen, die Hände und das Gesicht bewegt. Lassen Sie sich Zeit und atmen Sie tief durch. Spannen Sie dann alle Muskeln im Körper an, bevor Sie die Augen öffnen und in Ihre Umgebung zurückkehren.

Bei der Durchführung von mehreren Übungen aus der Dynamischen Entspannung hintereinander, müssen Sie nicht nach jeder Übung aus dem sophronischen Zustand zurückkehren. Es genügt, sich nach jeder Übung tief zu entspannen und am Ende langsam, wie oben beschrieben, zurückzukehren.

# 22 Medikamente, Medizin und Gesundheit

Medikamente zu verschreiben ist oft notwendig. Der psychologische Effekt ist jedoch oft wichtiger als das Medikament selbst.

Wenn man bedenkt, daß heute in den westlichen Industrieländern zwischen 80 und 90% aller Krankheiten funktionelle Störungen sind, also durch zuviel Streß ausgelöst werden, sieht man, daß die chemische Wirkung vieler Medikamente nicht im Vordergrund steht. Sehr viel wichtiger als die Chemie ist die Qualität der Beziehung zwischen dem Arzt und dem Patienten und ein vollkommenes Vertrauen seitens des Patienten. Anders ausgedrückt ist die Art, das Medikament zu verschreiben oft wichtiger als das Medikament selbst. Die psychologische Reaktion des Kranken ist wichtiger als das Medikament bei der Behandlung der funktionellen Krankheiten. Der sog. „Placebo-Effekt" ist oft die einzige reelle Wirkung des Medikaments, außer im Bezug auf die Nebenwirkungen. Es ist sehr schwer zu wissen, ob eine chemische Substanz tatsächlich wirkt, außer bei sehr wichtigen Medikamenten, wie Antibiotika, Schmerzmitteln usw. Aber sogar bei ihnen gibt es den Placebo-Effekt, und er kann sogar sehr stark sein.

**Der Patient selbst ist das beste Medikament**

Dazu muß man wissen, daß 60% aller Symptome ohne jede Behandlung von selbst wieder verschwinden. Oft verzögert die Behandlung die Heilung.

Vergessen Sie nicht, daß Sie selbst die beste Medizin sind. Die Sophrologie führt Sie zum Verständnis der Ursachen Ihrer Krankheit und zu den Möglichkeiten einer Heilung mit einem Minimum an Chemie. Die ständige Entspannung angesichts aller Probleme ist eine ausgezeichnete Vorbeugung gegen funktionelle Erkrankungen.

Oft ist es notwendig, ein Schmerzmittel einzunehmen. Wenn Sie jedoch an einer funktionellen Krankheit leiden, ist diese Behandlungsform nicht ausreichend.

| Prinzipien der allopathischen Medizin | Prinzipien der Sophrologie und Ganzheitsmedizin |
|---|---|
| Behandlung von *Symptomen* | Behandlung der *Ursache der Symptome* + Behandlung der Symptome |
| Spezialisierung – Man behandelt das *Organ*, die *Krankheit* | *Ganzheitliche* Behandlung des *Kranken* |
| Betonung auf *Effizienz* | Betonung auf *menschliche Werte* |
| Der Therapeut sollte neutral sein | Die Zuwendung des Therapeuten ist wichtig für die Heilung |
| Schmerz und Krankheit sind zu 100 % negativ | Schmerz und Krankheit sind Informationen über einen Konflikt, einen Mangel an Harmonie |
| Hauptbehandlungsmethoden: *Medikamente, Chirurgie* | Behandlung der *Kausalität*, möglichst wenige Medikamente oder chirurgische Eingriffe |
| Der Körper wird wie eine *Maschine in mehr oder weniger gutem Zustand* gesehen | Der Körper ist ein *dynamisches* und *energetisches System* |
| Die *Krankheit* wird als *Symptom* gesehen | Die *Krankheit* wird als *Prozeß* gesehen |
| *Symptome werden behandelt* | *Optimales Wohlbefinden erzielen* |
| Der *Patient* ist *abhängig* | Der *Patient* ist *autonom* |
| Der *Patient* ist *unmündig* | Der *Patient* ist *mündig* |
| Der *Therapeut* ist eine *Autorität* | Der *Therapeut* ist ein *Partner* |
| Der *Arzt* hat die *Macht* | Der *Patient* hat die *Macht* |
| Nur der *Körper* existiert | Der *mentale* und der *spirituelle* Bereich ist wesentlich |

| Prinzipien der allopathischen Medizin | Prinzipien der Sophrologie und Ganzheitsmedizin |
| --- | --- |
| Das Medikament wirkt an sich | Das Medikament kann an sich wirken, aber die *Art der Verschreibung* ist wichtig |
| Die Phantasie spielt keine Rolle | Die Phantasie ist wesentlich |
| Vertrauen nur in *quantitative Informationen* (Analysen) | Vertrauen wesentlich in *qualitative Informationen* |
| Intuition und Kraft des Geistes existieren nicht, denn sie sind nicht wissenschaftlich | Die Intuition des Therapeuten ist grundlegend |
| Alles beruht auf der *quantitativen Erfahrung* | Alles beruht auf dem *Erlebten* |
| Die Prävention beruht auf Materialismus und Quantität: Impfungen, Vitamine, Übungen | Die Prävention umfaßt die Gesamtheit der Aspekte des qualitativen Lebens – Bedeutung der menschlichen Beziehungen |
| Alles beruht auf *Vernunft* | Alles beruht auf *Liebe* |

Hier ein Beispiel: Wenn man ein Symptom wie ein Flüßchen sieht. Um es aufzuhalten, verschreibt man Medikamente, das heißt, man baut einen Staudamm, um den Bach aufzuhalten. Das Symptom verschwindet, aber die Ursache, die hinter dem Staudamm liegt, bleibt unverändert. Nach einer bestimmten Zeit ist der Staudamm dann voll, und das Wasser beginnt wieder zu fließen – ein anderes Symptom tritt auf. Sie gehen zu einem anderen Spezialisten, der die gleiche Behandlung anwendet. Er stoppt das Symptom, indem er einen höheren Staudamm baut. Und so geht das weiter, jahrelang wandern Sie von einem Spezialisten zum nächsten. Wenn der Staudamm zu hoch wird, wird auch der Druck des Wassers hinter der Betonmauer so stark, daß irgendwann der Damm bricht: Sie sterben an einem Schlaganfall oder einem Herzinfarkt. Es ist notwendig, das Symptom einer Krankheit zu beseitigen, aber gleichzeitig muß man auch die Ursache finden, also die Quelle an ihrem Ursprung eindämmen. Das machen wir mit der Sophrotherapie.

Hier ein praktisches Beispiel: Jacques H. hat ein Magengeschwür. Er führt ein hektisches Leben, eine Reihe von Stressoren wirken ohne Unterlaß auf ihn ein, er hat berufliche und private Probleme. Nach jeder Mahlzeit hat er unerträgliche Schmerzen und beschließt, einen Spezialisten für Verdauungsprobleme aufzusuchen. Röntgenaufnahmen werden gemacht, das Übel wird diagnostiziert, und der Arzt verschreibt Medikamente. Bei der Nachuntersuchung zeigt sich, daß das Magengeschwür völlig verschwunden ist. Herr H. hat keine Schmerzen mehr. Er ändert jedoch nichts an seiner Lebensweise und arbeitet unter ständigem Streß weiter. Drei Monate später hat er ein Ekzem auf den Händen. Der zugezogene Dermatologe verschreibt ein kortisonhaltiges Medikament. Das Ekzem verschwindet nach einigen Wochen. Sechs Monate später finden wir den gleichen Patienten, diesmal mit Asthmaanfällen, die regelmäßig nachts auftreten. Der Lungenfacharzt verschreibt Kortison-Injektionen sowie Tests, um herauszufinden, wogegen der Patient allergisch ist beziehungsweise welche Substanz die Asthmaanfälle ausgelöst hat. Nach einigen Monaten verschwindet das Asthma, der Patient hat keine Anfälle mehr, er hat keine Beschwerden mehr und arbeitet wieder wie vorher. Zwei Monate später wird Herr H. tot in seinem Bett aufgefunden. Er ist in der Nacht einem Schlaganfall erlegen.

Ein weiteres Beispiel: Frau Ida R., 39 Jahre alt, leidet an Unterleibsschmerzen. Sie geht zum Gynäkologen, der sehr distanziert ist, kaum spricht und überhaupt keinen menschlichen Kontakt mit seiner Patientin aufnimmt. Er verwendet eine komplizierte Terminologie, um das Symptom zu erklären und gibt seiner Patientin ein Rezept, auf dem vier verschiedene Medikamente stehen. Sie befolgt gewissenhaft die Vorschriften ihres Arztes, aber nichts geschieht. Im Gegenteil, zusätzlich zu den Schmerzen, die nicht aufgehört haben, klagt sie nun über allergische Reaktionen auf die Medikamente (vor allem Kopfschmerzen). Als nach zwei Monaten überhaupt keine Besserung eintritt, beschließt Frau R., einen anderen Arzt aufzusuchen, einen praktischen Arzt, der auch ihren Mann und die Kinder behandelt. Er empfängt sie freundlich und liebenswürdig, spricht mit ihr über ihre Familie und über die Probleme im Zusammenhang mit ihrem Mann und den Kindern. Er erklärt ihr, daß die Schmerzen durch psychische Spannungen verursacht sein können. Bevor er nicht die Ergebnisse der Blutanalysen und der Untersuchungen des Verdauungsapparates und der Geschlechtsorgane hat, verschreibt er ihr kein Medikament. Er zeigt ihr, wie sie sich mit Hilfe einfacher Übungen entspannen kann. Zwei Tage später ist der Schmerz verschwunden und nie mehr aufgetaucht.

Anhand dieses Beispiels können wir feststellen, wie wichtig die Beziehung zwischen Arzt und Patient ist und daß man den Patienten als mündigen Menschen sehen muß.

## Psychologische Aspekte

In Verbindung mit der modernen Medizin ist die Sophrotherapie sehr wirksam. Eine gute Beziehung zwischen Arzt und Patient ist zweifellos der wesentlichste Bestandteil jeder Therapie. Hier ein Beispiel dafür, wie sehr der psychologische Aspekt die Behandlung eines Patienten beeinflussen kann:

Ich erinnere mich an einen Fall in Paris. Man bat mich, eine Patientin, Frau Kathy H., 36 Jahre alt, zu untersuchen. Sie war seit Jahren bettlägerig und konnte nicht aufstehen, denn jedesmal, wenn sie versuchte, aus dem Bett zu steigen, verspürte sie einen heftigen Schmerz im After, als rammte ihr jemand ein Messer in den Bauch. Sie hatte bereits eine Reihe von Spezialisten, Neurologen, Gynäkologen, Enterologen usw. konsultiert. Einige glaubten, das Übel werde vom Rektum verursacht, andere hielten die Gebärmutter für die Ursache, und wieder andere glaubten, es handle sich um eine Störung der endokrinen Drüsen. Nachdem niemand weiter wußte, hatte man beschlossen, ihr die Gebärmutter operativ zu entfernen. Ich untersuchte sie zwei Wochen vor dem Eingriff. Sofort entstand ein ausgezeichneter Kontakt zwischen uns, wir sprachen von ihrer Familie, von ihrem Ehemann und ihren beiden Kindern. Sie hatte ein großes ungelöstes Problem in der Beziehung mit ihrem Mann. Ich stellte auch fest, daß sie sehr nervös war. Ihr Sohn war Diabetiker, und zu Beginn seiner Krankheit waren auch ihre Schmerzen intensiver geworden. Ich dachte natürlich sofort an einen psychologischen Schmerz. Zu Beginn arbeitete ich mit einer leichten Sophrotherapie. Der Schmerz verschwand, kam aber einige Tage später wieder. Während der Behandlung wurde mir klar, daß es einen direkten Zusammenhang zwischen ihrem Schmerz und dem Diabetes ihres Sohn geben mußte, daß die Ursache jedoch weiter zurückliegen mußte. Eine dreimonatige spezielle Sophrotherapie heilte sie vollständig, und die Schmerzen kamen nie wieder.

Fälle wie der von Frau H. sind gar nicht so selten. Viele Symptome haben psychische Ursachen. Die leichte Sophrotherapie, die ich zu Beginn einsetzte, reichte zwar aus, um die Schmerzen zu behandeln, war jedoch keine tiefgreifende Kausaltherapie. Als ich ein Vertrauensverhältnis mit der Patientin hergestellt hatte, wandte ich eine tiefergehende sophrologische Methode an, um die Ursache der Schmerzen zu ergründen und endgültig zu beseitigen. In diesem Fall war es ziemlich leicht, sie zu finden: Frau H. hatte einzig in der Absicht geheiratet, ihr Elternhaus zu verlassen. Sie hatte einen Mann geheiratet, den sie nicht liebte, der aber sehr in sie verliebt und sehr nett war. Am Tag nach der Hochzeit war der Schmerz zum ersten Mal aufgetreten. Es war der symbolische Ausdruck der gängigen Redewendung „Ich hab' von meinem Mann die Nase voll" (im Französischen sagt man „den Hintern voll"). Sobald wir dieses Symbol aus ihrem Unbewußten bewußt machten, verschwand das Symptom.

Dieses Beispiel zeigt, wie die Sophrologie die moderne wissenschaftliche Medizin unterstützen kann.

Wenn Sie Ihre Probleme objektiv betrachten, werden Sie feststellen, daß Sie die meisten selbst geschaffen haben. Wenn Sie nicht glücklich sind, ist das einzig und allein Ihre Schuld. Es ist gar nicht notwendig, weiter zu suchen. Übernehmen Sie die Verantwortung für sich selbst, hören Sie auf, von Drogen oder anderen Menschen abhängig zu sein. Das Gleichgewicht und das innere Wohlbefinden liegen nur in Ihnen selbst, ganz bestimmt nicht in der Außenwelt. Sie sind die nie versiegende Quelle Ihres Glücks, Ihres Erfolges und vor allem Ihrer Gedanken. **Sie selbst sind der einzige Garant Ihrer Gesundheit.**

### Medikamente

Wenn Sie krank sind, liegt die Ursache des Symptoms in Ihnen. Sie haben die Macht, Ihr Leben und Ihre Ernährung zu verändern, positiv zu denken und die Probleme in Ihrem Leben in den Griff zu bekommen.

Probleme sind oft weniger dramatisch, als wir meinen. Versuchen wir also, sie in aller Ruhe zu betrachten, so wie sie wirklich sind, ohne sie zu komplizieren. Damit verschaffen wir uns einen objektiveren Zugang, und wir brauchen keine Beruhigungsmittel mehr, um Probleme in entspanntem Zustand zu lösen.

Wenn Sie regelmäßig Beruhigungsmittel nehmen, müssen Sie diese Gewohnheit so schnell wie möglich ablegen, auch wenn Ihnen dies schwierig oder gar unmöglich erscheint. Zu Beginn müssen Sie eine kleine innere Revolution auslösen, verschiedene Dinge in Ihrem Leben und in Ihren Denkmustern ändern, Ihre Probleme lösen, anstatt vor ihnen davonzulaufen.

*Vergessen Sie nicht, „Im Leben gibt es keine Probleme, sondern nur Lösungen".*

Je entspannter und lockerer Sie sind, desto besser können Sie mit Ihren Schwierigkeiten umgehen. Wenn Sie jedoch ständig angespannt und verkrampft sind, wird es immer schwieriger, Ihre Probleme zu lösen, und Sie werden Ihre Beruhigungsmittel immer weiter nehmen müssen. Es wird zum Teufelskreis.

Kaufen und nehmen Sie nie Tabletten oder irgendein Medikament, ohne vorher Ihren Arzt zu konsultieren.

Das auf der ganzen Welt meistverbreitete Medikament ist Valium. Beruhigungsmittel maskieren Symptome und können sich als gefährlich erweisen, wenn sie über einen langen Zeitraum eingenommen werden. Man muß die Ursache des Symptoms behandeln, und damit wird das Beruhigungsmittel überflüssig.

**Der Placebo-Effekt**

Medikamente haben den sog. Placebo-Effekt.

Bevor es auf den Markt kommt, wird jedes Medikament im Tierversuch getestet, zuerst an ausgewachsenen Tieren, dann an Jungen, und schließlich an trächtigen Weibchen, bevor zu Menschenversuchen übergegangen wird. In diesem Stadium wird damit begonnen, im Doppelblindversuch das Medikament Kranken zu verabreichen. D. h., daß eine Patientengruppe das Medikament bekommt und eine andere ein Placebo. Die Tabletten sehen völlig gleich aus, sie haben die gleiche Form, Farbe und Verpackung, aber sie enthalten überhaupt keine chemischen Substanzen, sondern einfach nur ein harmloses Pulver, können also auf keinen Fall eine Eigenwirkung haben. Nicht einmal die Krankenschwester weiß, wem sie was verabreicht. Nach einer bestimmten Zeit vergleicht man die Ergebnisse: Wieviele Personen wurden mit dem Medikament geheilt und wieviele mit dem Placebo? Wenn eine größere Anzahl mit dem Medikament geheilt wurde, ist das Ergebnis überzeugend.

Es kann jedoch auch ziemlich oft vorkommen, daß die Anzahl derer, die durch das Placebo geheilt werden, größer ist. Hier ein Beispiel: In Deutschland behauptete eine Pharma-Firma, ein Mittel gegen Magengeschwüre gefunden zu haben. Doppelblindversuche wurden gemacht: 50 Patienten mit Magengeschwür bekamen das Medikament, und 50 weitere mit der gleichen Krankheit ein Placebo, und das während der gesamten Behandlungsdauer.

Die Ergebnisse waren verblüffend: 23 Patienten wurden mit dem Medikament geheilt, was ein normaler Prozentsatz ist. Aber 27 Patienten der zweiten Gruppe wurden auch vollständig geheilt, obwohl sie nur Placebos bekommen hatten. Das beweist für diesen speziellen Fall, daß der psychologische Effekt stärker war als die chemische Wirkung. Dennoch kann man dieses Medikament in allen Apotheken kaufen.

Daraus können wir schließen, daß die Art, wie ein Medikament verschrieben wird, oft effizienter ist als das Medikament selbst. Wenn Ihnen die Tabletten zum Beispiel von einer netten Krankenschwester verabreicht werden, sind sie wahrscheinlich wirksamer, als wenn die Schwester mürrisch ist. Darüber hinaus ist das Vertrauen, das Sie in Ihren Arzt setzen, ein wesentlicher Faktor, oft wichtiger als das Rezept, das er Ihnen gibt.

### Nebenwirkungen

Viele im Handel erhältliche Medikamente verursachen Nebenwirkungen. Zum Beispiel enthalten alle Schmerzmittel, wie z.B. Aspirin, Salicylsäure und lösen kleine Blutungen im Magen und im Darm aus. Spuren dieser Mittel bleiben im Körper zurück, auch nachdem die Behandlung abgesetzt worden ist. In diesem Zusammenhang wurde festgestellt, daß zwei Wochen nach Einnahme eines einzigen Aspirin noch Spuren von Salicylsäure im Schweiß vorhanden sind.

Einige künstlich synthetisierte Vitamine können nicht vom Körper resorbiert werden. Das heißt, daß man beliebige Mengen einnehmen kann, sie werden direkt ohne die leiseste Wirkung wieder ausgeschieden. Wenn man sich danach wohler fühlt, so ist das der perfekte Beweis für den Placebo-Effekt. Vitamin C zum Beispiel muß entweder injiziert werden oder eine organische Struktur aufweisen, um zu wirken.

Natürlich können bestimmte Medikamente zunächst einmal lindernd wirken, aber sie verursachen auch Schäden. Man muß also sehr vorsichtig bei der Verwendung von Medikamenten sein, genau die vorgeschriebenen Dosen einhalten und beim Auftreten von Nebenwirkungen sofort mit der Einnahme aufhören und den Arzt konsultieren.

Regelmäßig eingenommene Medikamente können sog. iatrogene, also durch die Behandlung ausgelöste, Krankheiten verursachen. Viele Patienten werden abhängig. Um das innere Gleichgewicht wiederzufinden, ist es unerläßlich, diese Abhängigkeit so schnell wie möglich zu beenden, bevor sie schädlich wird.

Sich jeden Tag zu entspannen, ist soviel einfacher. In tiefer Entspannung kann man sich vorstellen, wie man ganz gesund ist und sich von allen Drogen und Medikamenten befreit hat. Das ist die wichtigste Programmierung, die im Gehirn, diesem wunderbaren Computer, gespeichert werden sollte. Mit Hilfe verschiedener Techniken wird es möglich, die Schmerzen und bestimmte organische Funktionen weitgehend unter Kontrolle zu bekommen, und zwar einfach mit Hilfe der sophrologischen Übungen.

Hier nun eine Technik, um die positive Seite Ihres Lebens zu verstärken:

### Übung Positives stärken

*Sie liegen auf dem Rücken, haben die Augen geschlossen und entspannen sich langsam und vollständig, vom Kopf bis zu den Füßen. Vergessen Sie Ihre Umgebung. Wenn Sie dann ganz entspannt sind, teilen Sie Ihr Leben in drei Teile auf. Wenn Sie zum Beispiel 33 Jahre alt sind, teilen Sie Ihr Leben in drei Abschnitte zu je 11 Jahren.*

*Konzentrieren Sie sich nun auf das erste Drittel, versuchen Sie, sich eine positive und angenehme Situation aus Ihrer Kindheit vor-*

*zustellen. Lassen Sie diese Situation „hier und jetzt" aufleben, so intensiv Sie können. Lassen Sie sich Zeit, sehen Sie sich die Einzelheiten an, die Farben usw.*

*Nach Abschluß dieser ersten Erinnerung machen Sie das gleiche mit dem zweiten und dritten Lebensabschnitt. Lassen Sie nur glückliche und positive Ereignisse auf Ihrem mentalen Bildschirm zu. Erleben Sie sie freudig. Kehren Sie dann langsam aus Ihrer Entspannung zurück unsd strecken Sie alle Muskeln gründlich, bevor Sie die Augen öffnen.*

Durch diese Übung stärken Sie die positive Seite Ihrer Natur, und Sie durchdringen sich mit positiven Gedanken. Nach und nach werden Sie positiv in Ihrem ganzen Sein. Wenn Sie diese Übung regelmäßig machen, sind Sie schon auf dem besten Weg, mit weniger Beruhigungsmitteln auszukommen.

Zusätzlich zu den vergangenen Erfahrungen, die Sie noch einmal erleben, können Sie sich auch positiv in die Zukunft projizieren.

### Positive Zukunft

*Setzen Sie sich bequem hin, schließen Sie die Augen und entspannen Sie sich langsam. Um sich noch tiefer zu entspannen, spannen Sie die Muskeln des Gesichts, der Arme und Beine fest an und halten dabei die Luft an. Wenn Sie müde werden, lassen Sie alle Muskeln gleichzeitig los und atmen Sie ruhig durch den Bauch.*

*Versuchen Sie nun, eine Farbe auf Ihrem mentalen Bildschirm sichtbar zu machen. Versetzen Sie sich dann in die Zukunft. Versuchen Sie, sich eine Situation in Zusammenhang mit Ihren jetzigen Schwierigkeiten vorzustellen, in der Sie im Begriff sind, eines dieser Probleme zu lösen. Sie erleben einen idealen Augenblick, in dem Sie alle Ihre Wünsche erfüllen können. Lassen Sie nicht zu, daß negative Bilder sich dazwischenschieben, verjagen Sie diese und behalten Sie nur positive Bilder und Gedanken. Stellen Sie sich dann vor, wie Sie glücklich in der Sonne durch eine blühende Wiese laufen. Lassen Sie sich Zeit. Am Ende strecken Sie die Arme, die Beine und den ganzen Körper, atmen Sie tief durch, schlucken Sie und öffnen Sie die Augen mit einem strahlenden Lächeln.*

Ausreichend Zeit ist notwendig, um diese Übung effizient durchzuführen, um sich die Zukunftsbilder vorzustellen und sie „hier und jetzt" gut zu sehen. Nach und nach werden Sie großes Vertrauen in sich selbst bekommen, und Ihr Leben wird ganz bestimmt angenehmer.

Sie können Unwichtiges loswerden, das Ihnen in Wirklichkeit nicht sehr viel bedeutet.

Sie sind wunderbar und einmalig. Tief in Ihrem Innern verfügen Sie über unendliche Quellen und Reserven, um Ihr Glück zu finden. Sie sind ein wesentlicher Bestandteil der Natur, und die Natur ist außerordentlich, sie ist die Schöpferin von Freuden, nicht von Traurigkeit. Beobachten Sie die Natur, sehen Sie, wie ein Gänseblümchen seine Blütenblätter der Sonne entgegenstreckt, ein Vogel sich in die Lüfte schwingt, eine Frucht reift, ein Tier seine Freiheit genießt. Versuchen Sie, sich mit dieser Natur zu identifizieren, sie zu SEIN. Geben Sie Ihre belastenden materiellen Gedanken und Tätigkeiten auf. Lernen Sie, sich selbst zu schätzen, sich zu lieben, die Natur zu schätzen, die Menschen einfach so zu lieben, wie sie sind, und nicht so, wie Sie sie gerne hätten. Wenn Sie sich entfalten und sich lieben, werden Sie auch von anderen geliebt, und glücklich sein.

# Nachwort

von Dr. Alfonso Caycedo, Begründer der Sophrologie

## „Jenseits der Kommunikation"

Dr. Raymond Abrezol gehört zu den Pionieren der Sophrologie. Er hat von Anfang an ihre Entwicklung gefördert und sie bis zum heutigen Tag begleitet; sie hat inzwischen eine eigene Identität als neue Wissenschaft und als neuer Beruf erlangt.

Während der ersten Jahre ihres Bestehens blieb die Sophrologie ausschließlich den Medizinern vorbehalten: Vereinigungen für medizinische Sophrologie wurden gegründet, um die Grundlagen der sophrologischen Medizin zu entwickeln. Die Sophrologie konnte jedoch den gesellschaftlichen Problemen unserer Zeit gegenüber nicht gleichgültig bleiben, was zur Entstehung eines neuen Zweiges der Sophrologie führte, nämlich der soziologischen Sophrologie. Diese wurde von mir offiziell beim Kongreß in Recife im August 1977 begründet, genau zu der Zeit, als Dr. Abrezol die Schweizerische Vereinigung für Sophroprophylaxe ins Leben rief, welche die gleichen Ziele verfolgt. Die am 19. August 1982 eingeweihte Fakultät für Sophrologie verleiht einem neuen Beruf die akademischen Weihen. Das Studium dauert fünf Jahre, bei einem täglichen Pensum von fünf Unterrichtsstunden.

Die Sophrologie umfaßt zur Zeit also zwei Zweige: die medizinische Sophrologie, welche die Grundlage für unsere ganze Schule ist, und die Sophrologie als neuen Beruf, angesiedelt zwischen Medizin und Psychologie, mit einer eigenen Terminologie, eigenen Methoden und Programmen.

Dr. Abrezol und alle beim III. Weltkongreß für Sophrologie in Bogotà anwesenden Sophrologen waren Zeugen, als die Sophrologie damals diese neue Rolle übernahm und boten ihre volle Unterstützung für diese Aufgabe an.

Das vorliegende Buch ist ein Beweis für die historische Reife und das soziale Bewußtsein der Sophrologie heute. Es kann hier nicht darum gehen, den Inhalt der einzelnen Kapitel des Buches zu analysieren, sondern eher darum, aufzuzeigen, wie sehr es eine globale Bewußtwerdung ermöglicht und ein völlig neues Instrument für die gesamte

Sophrologie darstellen kann. Die Sophrologie muß die jungen Menschen erreichen, den Arbeiter in der Fabrik, den Geschäftsmann in seinem Büro, die Hausfrau in ihrem Heim, die Kinder in der Schule. Sie muß ihnen die Möglichkeiten vermitteln, Drogen und kollektiven Krankheiten zu widerstehen, welche unsere Zivilisation und unsere Kultur zerstören und den Menschen in seiner biologischen, existentiellen und historischen Dimension gefährden.

Die Studenten der neuen Fakultät für Sophrologie werden in diesem Werk ein Modell für die Kommunikation zwischen der Sophrologie und der Öffentlichkeit finden. Es kann ihnen zeigen, wie Dr. Abrezol versucht, in jedem Menschen die positiven Kräfte zum Leben zu erwecken. Mit allen Lesern dieses Buches werden Sie die faszinierende Persönlichkeit von Dr. Abrezol entdecken, dessen Arbeiten wesentlich zur Entwicklung der sophrologischen Schule beigetragen haben und der aufgrund seiner großartigen Leistungen in der Öffentlichkeitsarbeit und Organisation unseren Respekt und unsere Dankbarkeit verdient.

Bogotá, 12. September 1983      *Dr. Alfonso Caycedo*
Präsident der Weltvereinigung
für Sophrologie

# Allgemeine Information

Seit der Begründung der Sophrologie hat sich diese Wissenschaft immer weiter verbreitet und ist heute in der ganzen Welt eingeführt. Die Weltföderation, geleitet von Professor Alfonso Caycedo, unterhält Schulen in zahlreichen Ländern. Die Ausbildung ist in zwei wesentliche Bereiche gegliedert:

1. Lehrveranstaltungen nur für medizinische Berufe und
2. Lehrveranstaltungen für Pädagogen und Lehrer.

Die Sophrologie ist eine junge Wissenschaft mit einem neuen Berufsbild. In der Schweiz ist die Sophrologie inzwischen sehr weit entwickkelt. Die Methoden der Sophrologie finden hier seit 20 Jahren ihre Anwendung; sie sollen für ALLE und JEDERMANN zugänglich sein. Es gibt verschiedene spezielle Kurse z.B. zur Streßbewältigung, Geburtsvorbereitung, Prüfungsvorbereitung, für Manager und für Kinder und Jugendliche.

Der Schweizer Verein für Sophroprophylaxe zählt 5 000 Mitglieder und 400 nach Caycedo ausgebildete Sophrologen. Jährlich werden 250 Kurse, 100 Seminare und 500 Trainingskurse in der ganzen Schweiz abgehalten. Die Leitung obliegt Edith und Pierre Schwaar.

# Kontaktadressen

- Organisation für Ausbildung in Sophrologie

  Schweizerische Assoziation für Sophrologie
  Rue du Crêt 24
  CH-2300 LA CHAUX–DE–FONDS

  Tel.: (41) 39 28 95 00    ab 9.11.1996: (41) 32 9 68 95 00
  Fax.: (41) 39 28 95 02   ab 9.11.1996: (41) 32 9 68 95 02

- Internationale Gesellschaft für Sophrologie

  Sekretariat: Elisabeth Sele
  Am Widagraba 1
  Postfach 468
  FL-9490 VADUZ

  Tel.: (41) 75 2 32 21 61
  Fax.: (41) 75 2 33 14 49

- Information über Sophrologie in Österreich

  Dr. Irmgard Simma-Kletschka
  Arlbergstraße 139
  A-6900 BREGENZ

  Tel./Fax: (43) 55 74 7 67 52

**Dr. med. Irmgard Simma-Kletschka,** Facharzt für Zahn-, Mund- u. Kieferheilkunde. Praxis für Ganzheitliche Kieferorthopädie in Bregenz. Medizinstudium und Facharztausbildung an der Universität Wien.

Seit über zehn Jahren Beschäftigung und Ausbildung in komplementären Heilmethoden und Sophrologie. Vorträge und Übungen zum Thema ganzheitliche Prophylaxe und ganzheitliche Begleittherapien in der Kieferorthopädie. Die Sophrologie nimmt einen initialen und wichtigen begleitenden Stellenwert bei ganzheitlichen Therapien ein.

# Aus der Reihe Heidelberger Wegweiser

## Die heimliche Droge Nahrungsphosphat

Ursache für Verhaltensstörungen, Schulversagen und Jugendkriminalität

Von Hertha Hafer. 5. Auflage 1990.
138 Seiten. DM/sFr 16,80. öS 131,–.
ISBN 3-8226-4488-9

## Phosphatreduziert kochen für das hyperaktive Kind

Rezepte und Ratschläge für Eltern
und Jugendliche

Von Sylvia Schulz. 2. Auflage 1993.
102 Seiten. DM/sFr 16,80. öS 131,–.
ISBN 3-8226-1893-4

## Schulversagen durch falsche Ernährung

Selbsthilfe bei Phosphat-
empfindlichkeit und Allergie

Von Sabine Bernau. Mit Rezepten von
Bärbel Senft. 2. Auflage 1994.
230 Seiten. DM/sFr 18,80. öS 147,–.
ISBN 3-7785-2346-5

**Hüthig** Fachverlage
Im Weiher 10, D-69121 Heidelberg
Fax 0 62 21/489 205, Internet http://www.huethig.de

 **Hüthig**